Geheimnisse des Rosenkreuzes

oder die Geschichte dieser merkwürdigen Sekte des Mittelalters, bekannt als die Rosenkreuzer, mit Beispielen ihrer Ansprüche und Behauptungen, wie sie in den Schriften ihrer Führer und Schüler dargelegt sind.

Anonym

Writat

Diese Ausgabe erschien im Jahr 2024

ISBN: 9789361466540

Herausgegeben von
Writat
E-Mail: info@writat.com

Inhalt

VORWORT.

Auf den folgenden Seiten wurde versucht, eine verständliche Vorstellung von der besonderen mystischen Sekte zu vermitteln, die den Geschichtslesern als Rosenkreuzer bekannt ist. Das Thema ist zugegebenermaßen schwierig, aufgrund des völlig absurden Charakters der von den Jüngern dieser Gruppe hinterlassenen Schriften und der Geheimhaltung, mit der sie ihre Aktivitäten zu umgeben und ihre Worte zu kleiden versuchten. So etwas wie eine zusammenhängende Erzählung ist unmöglich, da die vorhandenen Materialien so fragmentarisch und unzusammenhängend sind. Wir haben jedoch unser Bestes getan, mit den uns zur Verfügung stehenden Fakten, und wenn wir nicht in der Lage sind, eine so wissenschaftliche und perfekte Abhandlung vorzulegen, wie wir es uns erhofft hatten, vertrauen wir zumindest darauf, dass der folgende Beitrag zur spärlichen Literatur zu diesem Thema interessant gefunden wird und etwas Licht auf das werfen wird, was in solch tiefe Geheimnisse gehüllt ist.

KAPITEL I.

Wer und was waren die Rosenkreuzer?

DER Fragen, die sich an der Schwelle dieser Untersuchung stellen, sind: Wer und was waren die Rosenkreuzer? Wann und wo blühten sie auf, und welchen Einfluss übten ihre besonderen Lehren oder Praktiken auf die Welt aus? Wir werden versuchen, diese Fragen so genau zu beantworten, wie es ein so geheimnisvolles und extravagantes Thema zulässt, und das Ganze durch zahlreiche Auszüge aus den Schriften anerkannter Führer und Schüler illustrieren.

Über diese Menschen ist vergleichsweise wenig bekannt; und wenn wir eines unserer allgemeinen Nachschlagewerke wie Wörterbücher und Enzyklopädien aufschlagen, finden wir kaum mehr als eine bloße Erinnerung daran, dass es sich um eine mystische Sekte handelte, die um die Mitte des 15. Jahrhunderts in einigen europäischen Ländern existierte. Dass eine solche Sekte tatsächlich existierte, steht außer Frage, und die Meinung, dass das, was davon übrig geblieben ist, heute noch in Verbindung mit der modernen Freimaurerei existiert, scheint nicht ganz unbegründet.

Sie scheinen eine enge Verbindung zu den Alchemisten zu haben; sie entstanden als eigene Gruppe, als diese enthusiastischen Sucher nach der Fähigkeit, unedlere in edlere Metalle zu verwandeln, für ungewöhnliches Aufsehen sorgten. Irgendwann gegen Ende des 15. Jahrhunderts hatte ein holländischer Lotse namens Haussen das Unglück, vor der Küste Schottlands Schiffbruch zu erleiden . Das Schiff ging verloren, aber Haussen wurde von einem schottischen Gentleman , einem gewissen Alexander Seton, gerettet, der in einem Boot ablegte und den ertrinkenden Seemann an Land brachte. Zwischen den beiden entstand eine herzliche Freundschaft und etwa achtzehn Monate später reiste Seton nach Holland und besuchte den Mann, den er gerettet hatte. Bei diesem Besuch teilte er dem Holländer mit, dass er im Besitz des Geheimnisses des Steins der Weisen sei, und Berichten zufolge verwandelte er in seiner Gegenwart tatsächlich große Mengen unedler Metalle in feinstes Gold, das er ihm als Geschenk hinterließ. Seton verabschiedete sich zu gegebener Zeit von seinem Freund und setzte seine Reise durch verschiedene Teile des Kontinents fort. Er machte keinen Versuch, den Besitz seines gepriesenen Geheimnisses zu verbergen, sondern sprach offen darüber, wo immer er hinkam, und führte gewisse Experimente durch, von denen er die Leute überzeugte, dass es sich dabei um tatsächliche Transmutationen von unedlen Metallen in Gold handelte. Unglücklicherweise für ihn hörte der Herzog von Sachsen von diesen Wundern und ließ ihn sofort verhaften und der Folter unterziehen, um ihm das kostbare Geheimnis zu entlocken oder ihn zumindest zu zwingen, es in seinem besonderen Dienst zu verwenden. Alles war jedoch vergebens, das Geheimnis, wenn er es wirklich besaß, blieb in seiner eigenen Brust verschlossen, und er lag monatelang im Gefängnis und wurde einer Behandlung unterzogen, die ihn auf bloße Haut und Knochen reduzierte und ihn beinahe tötete. Dann erschien ein Pole namens Sendivogius, ebenfalls ein Alchemist, ein Enthusiast wie der Rest der Bruderschaft, der Zeit und Vermögen mit der wilden und erfolglosen Suche verbracht hatte . Die Leiden von Seton weckten sein Mitgefühl, und er beschloss, wenn möglich, seine Flucht vor dem Tyrannen herbeizuführen. Nach zahlreichen Schwierigkeiten erhielt er die Erlaubnis, den Gefangenen zu besuchen, den er in einem dunklen und schmutzigen Verlies in einem Zustand vorfand, der dem Verhungern nahe war. Er teilte dem unglücklichen Mann sofort seine Vorschläge mit, die mit größter Begeisterung angehört wurden , und Seton erklärte, dass er ihn zu einem der reichsten lebenden Menschen machen würde, wenn es ihm gelänge, seine Freilassung zu erwirken. Sendivogius machte sich dann an seine wirklich schwierige Aufgabe und begann im Hinblick auf ihre Erfüllung eine Reihe merkwürdiger und raffinierter Schritte. Sein erster Schritt bestand darin, sich Bargeld zu beschaffen, was ihm durch den Verkauf von Besitztümern in der Nähe von Krakau gelang. Daraufhin begann er, in Dresden ein heiteres und etwas ausschweifendes Leben zu führen; er gab prächtige Bankette, zu denen er die Offiziere der Wache einlud, wobei er besonders diejenigen auswählte, die im Gefängnis Dienst hatten. Im Laufe der Zeit zeigte seine Gastfreundschaft die erwartete Wirkung; er gewann das Vertrauen der Beamten vollkommen und erhielt freien Zugang zu ihm, indem er vorgab, die Sturheit des Gefangenen zu überwinden und sein Geheimnis herauszufinden. Schließlich wurde an einem bestimmten Tag beschlossen, einen Fluchtversuch zu wagen. Er schläferte den Wächter mit Hilfe von Wein ein, half Seton über eine Mauer und führte ihn zu einer Postkutsche, die praktischerweise bereitstand, um ihn nach Polen zu bringen. In dem Fahrzeug fand Seton seine Frau vor, die auf ihn wartete und ein Päckchen Schwarzpulver bei sich hatte, das angeblich der Stein der Weisen war, mit dem Eisen und Kupfer in Gold verwandelt werden konnten. Sie erreichten alle sicher Krakau, aber Setons Leiden waren so schwer gewesen und hatten seine körperlichen Kräfte so geschwächt, dass er nicht viele Monate überlebte. Er starb um 1603 oder 1604 und hinterließ eine Anzahl Werke mit der Aufschrift „Kosmopolite". Bald nach seinem Tod heiratete Sendivogius die Witwe. und den uns überlieferten Berichten zufolge wurde er bald in die Methoden eingeweiht, die gewöhnlicheren Metalle in feinere umzuwandeln. Mit dem schwarzen Pulver, so wird uns erzählt , verwandelte er große Mengen Quecksilber in reinstes Gold, und zwar in Anwesenheit Kaiser Rudolfs II. in Prag, der zur Erinnerung an diese Tat eine Marmortafel mit einer Inschrift in der Wand des Raumes anbringen ließ, in dem das Experiment durchgeführt wurde. Ob das Experiment nun ein

Betrug war oder nicht, die Tafel war tatsächlich in der besagten Wand angebracht und wurde 1651 von Desnoyens, dem Sekretär der Prinzessin Maria von Gonzaga, Königin von Polen, gesehen und beschrieben.

Kaiser Rudolf war anscheinend vollkommen zufrieden mit dem Erfolg des Alchimisten und hätte ihn mit den höchsten Ehren überhäuft, wenn er sie hätte annehmen können. Dies entsprach jedoch nicht seiner Neigung. Er, so heißt es, zog seine Freiheit vor und ließ sich auf seinem Anwesen in Gravarna nieder, wo er für alle, die seiner Einladung folgten, ein offenes Haus hielt. Sein Biograph Brodowski, der auch sein Verwalter war, besteht im Gegensatz zu anderen Autoren darauf, dass das Zauberpulver rot und nicht schwarz war ; dass er es in einer goldenen Schachtel aufbewahrte und dass er mit einem einzigen Körnchen davon hundert Dukaten oder tausend Reichstaler machen konnte, wobei er für seine Operationen im Allgemeinen Quecksilber verwendete. Auf Reisen wurde diese Schachtel vom Verwalter getragen, der sie sich an einer goldenen Kette um den Hals hängte. Der Hauptteil des Pulvers war jedoch an einem geheimen Ort versteckt, der in die Trittstufe seines Streitwagens eingeschnitten war; dieser Ort galt als sicherer Ort im Falle eines Überfalls durch Räuber. Er scheint in ständiger Angst vor einem Raubüberfall gelebt zu haben und ergriff auf Reisen alle möglichen Vorsichtsmaßnahmen, um seinen Schatz zu sichern. Denn es heißt , er sei als Besitzer des Steins der Weisen wohlbekannt gewesen und viele Abenteurer hätten auf jede Gelegenheit geachtet, ihn auszurauben.

Brodowski berichtet, dass ihm ein deutscher Prinz einmal einen üblen Streich spielte, der ihn danach immer auf der Hut machte. Der Prinz war so begierig darauf, die wunderbaren Experimente zu sehen, von denen er so viel gehört hatte, dass er tatsächlich vor dem Alchimisten auf die Knie fiel, als er ihn anflehte, sie in seiner Gegenwart durchzuführen. Nach langem Drängen ließ Sendivogius seine Einwände überwinden und zeigte ihm, als der Prinz ihm Geheimhaltung versprach, was er so gerne sehen wollte. Doch kaum war der Alchimist gegangen, als der Prinz eine Verschwörung mit einem anderen Alchimisten namens Muhlenfels schmiedete, um Sendivogius das Pulver zu rauben, das er bei seinen Operationen verwendete. In Begleitung von zwölf bewaffneten Dienern eilte Muhlenfels Sendivogius hinterher, holte ihn in einem einsamen Gasthaus ein, wo er zum Essen eingekehrt war, und nahm ihm gewaltsam seine goldene Schachtel ab, die ein wenig von dem Pulver enthielt sowie ein handschriftliches Buch über den Stein der Weisen; eine goldene Medaille mit Kette, die ihm Kaiser Rudolf geschenkt hatte, und eine reiche, mit Diamanten verzierte Mütze im Wert von einhunderttausend Reichstalern.

Sendivogius war überhaupt nicht geneigt, eine solche Behandlung hinzunehmen, ohne sich um Wiedergutmachung zu bemühen, und so ging er sofort nach Prag und legte dem Kaiser seine Beschwerde vor. Der Kaiser schickte sofort einen Eilboten an den Prinzen und forderte ihn auf, Mühlenfels und seine Beute auszuliefern. Der Prinz, der sich nun so verräterisch verhielt wie zuvor gegenüber dem anderen, war alarmiert über die Entwicklung, die die Dinge nun annahmen. Er errichtete in seinem Hof einen Galgen und hängte Mühlenfels auf, während zu beiden Seiten ein Dieb stand. Er schickte den juwelenbesetzten Hut, die Medaille und Kette sowie das handschriftliche Buch zurück; von dem Pulver, sagte er, wisse er nichts .

Sendivogius nahm nun einen ganz anderen Lebensstil an als den, den er früher gepflegt hatte; er gab vor, extrem arm zu sein, und blieb manchmal wochenlang das Bett hüten, um die Leute glauben zu machen, er könne unmöglich der Besitzer des Steins der Weisen sein. Er starb im Jahr 1636 im Alter von über achtzig Jahren und wurde in Gravarna begraben .

Die meisten Leute, die sich mit diesem Thema beschäftigt haben, sind der Meinung, dass zwischen den Alchimisten und den Rosenkreuzern eine enge und vertraute Verbindung besteht. Wahrscheinlich ist das auch wahr, und eine Lektüre der Werke von John Heydon und anderen ähnlicher Art wird diesen Eindruck noch verstärken. Tatsächlich thebegannen die Rosenkreuzer zu Lebzeiten von Sendivogius erstmals, in Europa Fuß zu fassen und so etwas wie eine Sensation zu verursachen. Ein moderner Autor sagt: „Der Einfluss, den sie während ihrer kurzen Laufbahn auf die öffentliche Meinung ausübten, und der bleibende Eindruck, den sie in der europäischen Literatur hinterlassen haben, verdienen besondere Beachtung. Vor ihrer Zeit war die Alchimie nur eine unterwürfige Täuschung; und ihr Verdienst ist es, sie vergeistigt und verfeinert zu haben. Sie erweiterten auch seinen Wirkungskreis und gingen davon aus, dass der Besitz des Steins der Weisen nicht nur zu Reichtum, sondern auch zu Gesundheit und Glück führte und ein Instrument war, mit dem der Mensch die Dienste höherer Wesen in Anspruch nehmen, die Elemente seinem Willen unterwerfen, die Hindernisse von Zeit und Raum überwinden und die intimsten Kenntnisse über alle Geheimnisse des Universums erlangen konnte." [1]

Lesern wohlbekannt ist , dass der europäische Kontinent zu dieser Zeit von den entwürdigendsten Aberglauben durchdrungen war. Man nahm an, dass Teufel auf der Erde wandelten und sich in die Angelegenheiten der Menschen einmischten; böse Geister waren, selbst nach der Meinung der Weisen und Gelehrten, jedem zu Diensten, der sie mit den entsprechenden Formalitäten herbeirief; und in allen Hauptstädten Europas wurden täglich Hexen verbrannt. Die neue Sekte lehrte eine weniger abstoßende Lehre. Sie entstand in Deutschland, breitete sich mit einigem Erfolg nach Frankreich und England aus und löste viele heftige Kontroversen aus. Obwohl sie in ihren Vorstellungen ebenso weit vom rechten Weg abkamen wie die Dämonologen und Hexenanhänger, war ihr Glaubensbekenntnis anmutiger. Sie lehrten, dass es in den Elementen nicht von abscheulichen, widerwärtigen und rachsüchtigen Geistern wimmelte, sondern von wunderschönen Geschöpfen, die eher bereit waren, den Menschen zu dienen, als ihnen Schaden zuzufügen. Sie lehrten, dass die Erde von Gnomen, die Luft von Sylphen, das Feuer von Salamandern und das Wasser von Nymphen oder Undinen bewohnt sei. Und sie lehrten, dass der Mensch durch die Kommunikation mit ihnen die Geheimnisse der Natur lernen und all die Dinge entdecken könne, die den Philosophen seit Jahrhunderten Rätsel aufgeben – das Perpetuum mobile, den Lebenselixier, den Stein der Weisen und das Wesen der Unsichtbarkeit.

Über den Ursprung und die Bedeutung des Begriffs Rosenkreuzer gibt es unterschiedliche Meinungen . Manche meinen, er setze sich aus *rosa* und *crux* (*Rose* und *Kreuz*) zusammen, andere wiederum behaupten, er sei eine Verbindung aus ros (Tau) und crux (Kreuz). Mosheim behauptet, es sei reichlich belegt , dass der Titel Rosenkreuzer den Chemikern verliehen wurde, die das Studium der Religion mit der Suche nach chemischen Geheimnissen verbanden, da der Begriff selbst chemisch ist und ohne Kenntnis des von den Chemikern verwendeten Stils nicht verstanden werden kann . Wir werden gleich einige Auszüge aus sehr alten Werken der Rosenkreuzer anführen, die unsere Leser in diesen Fragen aufklären werden.

Ein Kreuz ist in der Sprache der Feuerphilosophen dasselbe wie Lux (Licht), da die Zahl + alle drei Buchstaben des Wortes *Lux* auf einen Blick zeigt. Darüber hinaus wandte diese Sekte den Begriff *Lux* auf den *Samen oder das Menstruum des Roten Drachen an* oder auf jenes rohe und körperliche Licht, das, wenn es richtig zubereitet und verdaut wird, Gold hervorbringt. Ein Rosenkreuzer ist daher ein Philosoph, der mithilfe des *Taus nach Licht* sucht – das heißt nach der Substanz des Steins der Weisen.

Mosheim erklärt die anderen Interpretationen dieses Namens für falsch und irreführend, da sie Erfindungen der Chemiker selbst seien, die es außerordentlich liebten, ihre Ansichten geheim zu halten, um andere zu täuschen, die ihren religiösen Ansichten feindlich gegenüberstanden. Die wahre Bedeutung dieses Titels, sagt er, wurde durch den Scharfsinn von Peter Gassendi erkannt (Examen Philosophiæ Fluddanæ, Abschnitt 15, in seinen Opp. iii, 261); klarer wurde sie jedoch vom berühmten französischen Arzt Eusebius Renaudot (*Conférences Publiques* , iv , 87) erklärt.

Im Jahre 1619 veröffentlichte Dr. Jo. Valentine Andreæ, ein berühmter lutherischer Geistlicher, sein Buch „Tower of Babel, or Chaos of Opinions respecting the Fraternity of the Rozy-Cross", in dem er die ganze Geschichte als Farce darstellt und durchblicken lässt, dass *er selbst* an der Entstehung beteiligt war .

Brucker sagt, dass zur Klasse der Theosophen allgemein die gesamte Gesellschaft der Rosenkreuzer gezählt wird, die zu Beginn des 17.

Jahrhunderts in der kirchlichen und literarischen Welt so viel Aufsehen erregte. Die Geschichte dieser Gesellschaft, die mit einiger Unklarheit verbunden ist, scheint wie folgt zu sein: „Ihr Ursprung wird auf einen gewissen Deutschen namens Rosencreuz zurückgeführt, der im 14. Jahrhundert das Heilige Grab besuchte und auf Reisen durch Asien und Afrika viele orientalische Geheimnisse kennenlernte. Nach seiner Rückkehr gründete er eine kleine Bruderschaft, der er unter dem Eid der unantastbaren Geheimhaltung die Geheimnisse mitteilte, die er gelernt hatte. Diese Gesellschaft blieb bis zum Beginn des 17. Jahrhunderts verborgen, als zwei Bücher veröffentlicht wurden, das eine mit dem Titel *Fama Fraternitatis laudabilis Ordinis Rosæcrusis*: „Der Bericht der lobenswerten Bruderschaft der Rosenkreuzer“; Das andere, *Confessio Fraternitatis*, „Das Bekenntnis der Bruderschaft“. In diesen Büchern wurde die Welt darüber informiert, dass diese Bruderschaft durch göttliche Offenbarung in die Lage versetzt wurde, die wichtigsten Geheimnisse der Natur und der Gnade zu erklären; dass sie dazu berufen war, die Irrtümer der gelehrten Welt zu korrigieren, besonders in Philosophie und Medizin; dass sie den Stein der Weisen besaßen und sich sowohl auf die Kunst der Metallumwandlung als auch auf die Verlängerung des menschlichen Lebens verstanden; und dass kurz gesagt, dass durch ihre Mittel das Goldene Zeitalter zurückkehren würde. Sobald diese großen Geheimnisse preisgegeben waren, strömten die ganzen Paracelsus-Anhänger, Theosophen und Chemiker hinter die Rosenkreuzer, und jedes neue und unerhörte Geheimnis wurde dieser Bruderschaft zugeschrieben. Es ist unmöglich zu sagen, wie viel Aufsehen diese wunderbare Entdeckung machte oder welche unterschiedlichen Meinungen darüber gebildet wurden . Obwohl die Gesetze und Statuten der Gesellschaft erschienen waren, konnte schließlich niemand sagen, wo die Gesellschaft selbst zu finden war oder wer ihr wirklich angehörte. Einige scharfsinnige Beobachter vermuteten, dass sich hinter der Geschichte der Rosenkreuzer-Bruderschaft eine wichtige Bedeutung verbarg, obwohl sie absolut nicht sagen konnten, was es war. Einer vermutete, dass sich hinter der allegorischen Geschichte ein chemisches Geheimnis verbarg; ein anderer nahm an, dass sie eine große kirchliche Revolution vorhersagte. Schließlich hatte Michael Breler im Jahr 1620 den Mut, öffentlich zu erklären, dass er mit Sicherheit wisse, dass die ganze Geschichte die Erfindung einiger genialer Personen war, die sich einen Spaß daraus machten, die öffentliche Leichtgläubigkeit zu täuschen. Diese Erklärung erweckte einen allgemeinen Verdacht gegen die ganze Geschichte; und da niemand versuchte, ihr zu widersprechen, verschwand diese wunderbare Gesellschaft täglich und die Gerüchte, die über sie verbreitet worden waren, hörten auf. Das Ganze war wahrscheinlich eine Intrige, um die Anwärter auf geheime Weisheit und wunderbare Macht lächerlich zu machen, insbesondere die Chemiker, die damit prahlten, den Stein der Weisen zu besitzen. Es wurde vermutet – und der satirische Ton seiner

Schriften und mehrere bestimmte Passagen in seinen Werken belegen diese Vermutung –, dass diese Farce zumindest teilweise von John Valentine Andrea von Wartenburg erfunden und aufgeführt wurde." [2]

In der Widmung seines Romans „Rape of the Lock" an Mrs. Arabella Fermor schrieb Pope: „Ich weiß, wie unangenehm es ist, in Gegenwart einer Dame schwierige Worte zu verwenden. Doch ein Dichter legt ein so großes Interesse daran, dass seine Werke verstanden werden – und insbesondere von Ihrem Geschlecht –, dass Sie mir die Erlaubnis erteilen müssen, zwei oder drei schwierige Begriffe zu erklären.

„Die Rosenkreuzer sind ein Volk, das ich Ihnen vorstellen muss. Der beste Bericht, den ich über sie kenne, steht in einem französischen Buch mit dem Titel Le Comte de Gabalis, das sowohl in seinem Titel als auch in seiner Größe einem Roman so ähnlich ist, dass viele des schönen Geschlechts es aus Versehen für einen gehalten haben. Diesen Herren zufolge werden die vier Elemente von Geistern bewohnt, die sie Sylphen, Gnome, Nymphen und Salamander nennen. Die Gnome oder Dämonen der Erde haben Freude am Unheil; aber die Sylphen, deren Wohnstätte die Luft ist, sind die am besten bedingten Geschöpfe, die man sich vorstellen kann; denn sie sagen, dass jeder Sterbliche die intimste Vertrautheit mit diesen sanften Geistern genießen kann, unter einer Bedingung, die für alle wahren Adepten sehr einfach ist, nämlich der unantastbaren Wahrung der Keuschheit."

Zu den Zeilen (Vers 20, Gesang 1):—

„Belinda behielt immer noch ihr daunenweiches Kissen ,
ihre Schutzsylphe sehnte sich nach der milden Ruhe."

In Popes Rape of the Lock kommentiert Warburton Folgendes:

„Als Mr. Pope vorhatte, dem Rape of the Lock seine gegenwärtige Form eines nachgemachten Heldengedichts zu geben, war er gezwungen, es mit der dazugehörigen Technik zu finden. Denn da das Thema des Epos aus zwei Teilen besteht, dem metaphysischen und dem zivilen, sollte dieses nachgemachte Epos, das satirischer Art ist und seine Anmut aus einer lächerlichen Nachahmung der Pracht und Feierlichkeit anderer bezieht, eine ebenso zusammengesetzte Natur haben. Und wie der zivile Teil durch die Wahl einer unbedeutenden Handlung absichtlich entwertet wird, so sollte auch der metaphysische Teil durch die Anwendung eines sehr extravaganten Systems entwertet werden. Eine Regel , die weder Boileau noch Garth sorgfältig genug beachtet hatten, ließ der gesunde Menschenverstand unseres Autors ihn nicht übersehen. Und diese Art von Technik, von der er nach seinem Urteilsvermögen wusste, dass sie nur für den Gebrauch geeignet war, lieferte seine bewundernswerte Erfindung bald. Es gab nur eine systematische Extravaganz in der ganzen Natur, die seinem Zweck entsprach, nämlich die Rosenkreuzer-Philosophie; und diese ergriff er mit der Anstrengung einer wohlgeleiteten Vorstellungskraft sofort. Die fanatischen Alchemisten hatten auf der Suche nach dem großen Geheimnis ein ganz eigenes Mittel erfunden, um ihre Ziele zu erreichen: eine Art theologische Philosophie, die aus einer Mischung von fast gleichen Teilen heidnischen Platonismus, christlichem Quietismus und jüdischer Kabbala bestand; eine Mischung, die monströs genug war, um die Vernunft vor menschlichem Handeln abzuschrecken. Dieses System, so erzählt er uns, übernahm er so, wie er es in einer kleinen französischen Abhandlung mit dem Titel *La Comte de Gabalis vorgefunden hatte* . Dieses Buch ist in Dialogen verfasst und eine feine und sehr geistreiche Verspottung dieser unsichtbaren Sekte durch Abbé Villiers; die merkwürdigen Geschichten über die Heldentaten und Abenteuer ihrer Anhänger, die damals in Paris in Umlauf kamen, sorgten für viel Aufsehen. Da aber Herr P. in diesem satirischen Dialog mehrere Einfälle von höchst mysteriöser Natur fand, die von ihren elementaren Wesenheiten erzählten und die nicht in das System einer solchen Gedichtart passen würden, hat er sie mit großem Urteilsvermögen durch die legendären Geschichten von Schutzengeln und die Kindermärchen von Feen ersetzt und sie geschickt dem Rest des Rosenkreuzer-Themas angepasst System. Und auf diese kunstvolle Ansprache (es sei denn, wir sind so unbarmherzig zu glauben, er habe einen unnötigen Skandal verursachen wollen) müssen wir annehmen, dass er sich in diesen zwei Zeilen bezog:

„Wenn je eine Vision deine kindlichen Gedanken berührte ,
von all dem, was die *Amme* und der *Priester* dich gelehrt haben.“

So hat er es durch die schönste Erfindung, die man sich vorstellen kann, geschafft, dass (so wie in der ernsthaften epischen Erzählung der allgemeine Glaube die Maschinerie stützt) in seiner Scheineposgeschichte die Maschinerie (die einer Situation entnommen wurde, die in allem philosophischen Fanatismus die Vernunft am demütigsten erscheinen lässt) dazu dient, gelehrten Stolz und Arroganz abzubauen.“

Zu Vers 45 des ersten Gesangs bemerkt er: „Der Dichter verlässt hier sein Rosenkreuzersystem, das in diesem Teil selbst für lächerliche Poesie zu extravagant ist.“

In Vers 68, Gesang 1, fährt er fort: „Hier nimmt der Autor wieder das Rosenkreuzersystem wieder auf. Aber dieser Grundsatz, der dieser wilden Philosophie eigen ist, basierte auf einem Prinzip, das für die Verwendung in einer solchen Art von Gedichten sehr ungeeignet war, und wurde daher gestrichen, obwohl ein weniger umsichtiger Autor versucht gewesen wäre, sich ausführlich darüber zu äußern.“

Swift sagt in der „Geschichte von einer Wanne“: „Da die Nacht die universelle Mutter aller Dinge ist, halten weise Philosophen alle Schriften für fruchtbar, je dunkler sie sind. Und deshalb haben die wahrhaft Erleuchteten (das heißt die dunkelsten von allen) so viele Kommentatoren gefunden, deren schulische Geburtshilfe ihnen Bedeutungen vermittelt hat, die die Autoren selbst vielleicht nie ersonnen haben, und die man dennoch mit Recht als ihre rechtmäßigen Eltern bezeichnen kann. Die Worte solcher Autoren sind wie Samen, die, wie auch immer sie verstreut werden, sich, wenn sie auf fruchtbaren Boden fallen, weit über die Hoffnungen oder Vorstellungen des Sämanns hinaus vermehren. Und deshalb werde ich, um ein so nützliches Werk zu fördern, hier einige Anspielungen anführen, die jenen erhabenen Geistern, die mit der Arbeit an einem universellen Kommentar zu dieser wunderbaren Abhandlung beauftragt werden, eine große Hilfe sein können. Und zunächst habe ich ein sehr tiefes Geheimnis in die Zahl der O's multipliziert mit sieben und geteilt durch neun gehüllt. Wenn ein frommer Bruder des Rosenkreuzes außerdem 63 Morgen lang inbrünstig und mit lebendigem Glauben betet und dann bestimmte Buchstaben und Silben gemäß Vorschrift im zweiten und fünften Abschnitt umstellt, wird sich daraus ganz sicher ein vollständiges Rezept des *Opus Magnum ergeben* . Und schließlich: Wer sich die Mühe macht, die Gesamtzahl jedes Buchstabens in dieser Abhandlung zu berechnen und die Differenz zwischen den einzelnen Zahlen genau zu berechnen und für jede dieser Differenzen die wahre natürliche Ursache anzugeben, dessen Mühe wird durch die Entdeckungen im Produkt reichlich belohnt."

„Für mystisches Lernen, wunderbar bewandert

in magischen, Talismanen und Kabalen, dessen ursprüngliche Tradition bis

zu Adams ersten grünen Hosen reicht; tiefsichtig in Intelligenzen, Ideen,

Atomen, Einflüssen und einem Großteil von Terra Incognita, der

begreifbaren Welt, könnte man sagen; ein tiefgründiger okkulter Philosoph

,

so gelehrt wie die wilden Iren

oder Sir Agrippa, der für seine tiefgründigen und soliden Lügen sehr

berühmt ist. Er kannte Anthroposophus, Fludd und

Jacob Behmen; kannte viele Amulette und Zaubersprüche, die weder

nützen noch schaden; in rosig-kreuzerischem Wissen so gelehrt

wie der, der sich diesen *tiefen Adeptus* verdiente."

– HUDIBRAS , Teil I, Gesang I.

In der Globe Encyclopædia heißt es unter dem Artikel Rosenkreuzer: „Eine mystische Bruderschaft, die der Außenwelt in der *Fama Fraternitatis RC* (1614), der *Confessio Fraternitatis RC* (1615) und der Chymischen Hochzeit Christiani Rosenkreuz (1616) offenbart wurde. Letztere wurde von Johann Valentin Andreæ anerkannt, da die beiden früheren Werke allgemein ihm zugeschrieben wurden. Aus ihnen erfahren wir, dass ein deutscher Adliger des 14. Jahrhunderts, ein gewisser Christian Rosenkreuz, nach einer langen Reise durch den Osten nach seiner Rückkehr eine Bruderschaft aus sieben

Adepten, die R., gründete und im Alter von 106 Jahren starb und in ihrem Tempel – dem ‚Haus des Heiligen Geistes‘ – begraben wurde. Auf seinem Grab stand die Inschrift ‚Post CXX. annos patebo‘. Die Gesetze des Ordens, die so im Lauf der Zeit bekannt wurden, besagten, dass seine Mitglieder die Kranken kostenlos heilen, sich einmal im Jahr an einem geheimen Ort treffen, als Symbol RC (*d. h. Rosea Crux*) oder eine Rose, die aus einem Kreuz entspringt (das Symbol, wohlgemerkt, von Luthers Siegel) annehmen und die Tracht und Sitten des Landes annehmen sollten, in das sie reisen würden. Heute wird angenommen , dass Andreæ die Leichtgläubigkeit der Zeit einfach nur betrügen wollte und dass Christian Rosenkreuz und alle damit verbundenen Mysterien ganz und gar die Erfindung seines fruchtbaren Gehirns waren. Der Schwindel, wenn es denn einen Schwindel gab, wurde jedoch ernst genommen, und schon 1622 nahmen Gesellschaften von Alchemisten in Den Haag und anderswo den Titel R. an, während die Lehren der Rosenkreuzer Kabbalisten, Freimaurer und Illuminaten stark beeinflussten und von Cagliostro und ähnlichen Betrügern bekannt wurden. Noch heute soll es in London eine Rosenkreuzerloge geben, deren Mitglieder behaupten, durch Askese über das dem Menschen zugeteilte Alter hinaus zu leben, und in die der verstorbene Lord Lytton vergeblich Zutritt zu erlangen suchte.“

„Ich habe mich einmal mit einem Rosenkreuzer über das ‚große Geheimnis‘ unterhalten. Da diese Art von Menschen, ich meine diejenigen unter ihnen, die keine erklärten Betrüger sind, von Enthusiasmus und Philosophie überwältigt sind , war es sehr amüsant, diesem religiösen Adepten zuzuhören, wie er über seine angebliche Entdeckung schwadronierte. Er sprach von dem Geheimnis wie von einem Geist, der in einem Smaragd lebte und alles, was sich in seiner Nähe befand, in die höchste Vollkommenheit verwandelte, deren er fähig ist. ‚Es verleiht der Sonne Glanz‘, sagt er, ‚und dem Diamanten Wasser. Es bestrahlt jedes Metall und reichert Blei mit allen Eigenschaften von Gold an. Es lässt Rauch zu Flammen werden, Flammen zu Licht und Licht zu Ruhm.‘ Er fügte hinzu, dass ein einziger Strahl davon Schmerz, Sorgen und Melancholie von der Person vertreibt, auf die er fällt. Kurz gesagt, sagt er, ‚seine Anwesenheit verwandelt auf natürliche Weise jeden Ort in eine Art Himmel.‘

„Nachdem er eine Zeit lang in diesem unverständlichen Geschwätz weitergemacht hatte, stellte ich fest, dass er in derselben Rede natürliche und moralische Ideen miteinander vermischte und dass sein großes Geheimnis nichts anderes als der Inhalt war.“

KAPITEL II.

Historische Mitteilungen der Rosenkreuzer.

SO geheimnisvolle Sekte, und die meisten ihrer Bewegungen, Praktiken und Meinungen sind so in Zweifel und Dunkelheit gehüllt, dass fast alles, was mit ihnen zu tun hat, von denen, die über sie geschrieben haben, irgendwann einmal geleugnet oder angezweifelt wurde. Dr. Mackay sagt: „Viele haben die Existenz einer Persönlichkeit wie Rosencreutz geleugnet und den Ursprung dieser Sekte auf eine viel spätere Epoche datiert. Die ersten Anzeichen dafür, sagen sie, finden sich in den Theorien von Paracelsus und den Träumen von Dr. Dee, der, ohne es zu beabsichtigen, die eigentlichen, wenn auch nie anerkannten Gründer der Rosenkreuzer-Philosophie wurde. Es ist heute schwierig und tatsächlich unmöglich festzustellen, ob Dee und Paracelsus ihre Ideen von den damals obskuren und unbekannten Rosenkreuzern bezogen oder ob die Rosenkreuzer ihnen nur folgten und sie verbesserten. Sicher ist, dass ihre Existenz bis zum Jahr 1605, als sie in Deutschland Aufmerksamkeit zu erregen begannen, nie vermutet wurde. Kaum waren ihre Lehren verkündet, als sich alle Visionäre, Paracelsus-Anhänger und Alchimisten um ihr Banner scharten und Rosenkreutz als den neuen Erneuerer der Menschheit priesen." Mayer, einem berühmten Arzt der Zeit, der im Jahr 1615 in Köln einen Bericht über die Lehren und Verordnungen der neuen Bruderschaft veröffentlichte, zufolge behaupteten sie zunächst, dass die Meditationen ihrer Gründer alles übertrafen, was man sich seit Erschaffung der Welt je vorgestellt hatte, die Offenbarungen der Gottheit nicht einmal ausgenommen; dass sie dazu bestimmt waren, vor dem Ende der Welt allgemeinen Frieden und die Erneuerung der Menschheit zu bewirken; dass sie über alle Weisheit und Frömmigkeit in höchstem Maße verfügten; dass sie über alle Gaben der Natur verfügten und diese nach ihrem Belieben unter der übrigen Menschheit verteilen könnten; dass sie weder Hunger noch Durst, Krankheit, Alter noch anderen Unannehmlichkeiten der Natur unterworfen seien; dass sie durch Eingebung und auf den ersten Blick jeden erkannten, der würdig war, in ihre Gesellschaft aufgenommen zu werden; dass sie damals über dieselben Kenntnisse verfügten, die sie besessen hätten, wenn sie seit Anbeginn der Welt gelebt und sich diese ständig angeeignet hätten; dass sie ein Buch besaßen, in dem sie alles lesen konnten, was jemals in anderen Büchern geschrieben stand oder bis ans Ende der Zeit stehen würde; dass sie die mächtigsten Geister und Dämonen in ihren Dienst zwingen und behalten konnten; dass sie kraft ihrer Lieder Perlen und Edelsteine aus den Tiefen des Meeres oder dem Innern der Erde anlocken konnten; dass Gott sie mit einer dichten Wolke bedeckt hatte, mit deren Hilfe sie sich vor der Boshaftigkeit ihrer Feinde schützen und sich so vor allen Augen unsichtbar machen konnten; dass die ersten acht Brüder des

Rosenkreuzes die Macht hatten, alle Krankheiten zu heilen; dass durch die Bruderschaft das dreifache Diadem des Papstes zu Staub zerfallen würde; Sie ließen nur zwei Sakramente zu und erneuerten die Zeremonien der Urkirche . Sie erkannten die Vierte Monarchie und den Kaiser der Römer als ihr Oberhaupt und Oberhaupt aller Christen an. Ihre unerschöpflichen Schätze würden ihn mit mehr Gold versorgen, als der König von Spanien je aus den goldenen Regionen Ost- und Westindiens geschöpft hatte.

ging es ziemlich ruhig weiter . In Deutschland gelang es leicht, Konvertiten zu finden, in anderen Teilen jedoch nur mit Schwierigkeiten. 1623 jedoch tauchten die Brüder plötzlich in Paris auf, und die Einwohner der Stadt waren überrascht, als sie am 3. März an den Wänden ein Manifest mit folgendem Inhalt fanden: „Wir, die Abgeordneten des Hauptkollegiums der Brüder des Rosenkreuzes, haben durch die Gnade des Allerhöchsten, dem die Herzen der Gerechten zugewandt sind, unseren sichtbaren und unsichtbaren Wohnsitz in dieser Stadt genommen. Wir zeigen und lehren ohne irgendwelche Bücher oder Symbole und sprechen alle möglichen Sprachen in den Ländern, in denen wir zu leben geruhen, um die Menschheit, unsere Mitmenschen, vom Irrtum abzubringen und sie vor dem Tod zu retten.“

Ob dies nun ein bloßer Scherz einiger der Witzbolde der damaligen Zeit war, ist sicher, dass es eine sehr weit verbreitete Sensation und nicht wenig Verwunderung und Beunruhigung hervorrief, insbesondere unter der Geistlichkeit. Sehr bald begannen gegenteilige Pamphlete aufzutauchen, die die Gläubigen warnen sollten. Das erste trug den Titel „Eine Geschichte der furchtbaren Pakte zwischen dem Teufel und den angeblichen Unsichtbaren, mit ihren verdammenswerten Anweisungen, dem beklagenswerten Untergang ihrer Jünger und ihrem elenden Ende.“ Darauf folgte ein weiteres von weitaus anspruchsvollerem Charakter, das vorgab, alle Eigenheiten und Geheimnisse der seltsamen Eindringlinge erklären zu können. Es trug den Titel „Eine Untersuchung der neuen Kabbala der Brüder des Rosenkreuzes, die sich vor kurzem in der Stadt Paris niedergelassen haben, mit der Geschichte ihrer Sitten, der von ihnen vollbrachten Wunder und vielen anderen Einzelheiten.“

Als die Bücher verkauft und in Umlauf gebracht wurden, wuchsen die Aufregung und die Besorgnis in der Bevölkerung enorm und wuchsen beinahe zu einer Art Panik. So sehr manche auch spotten und lachen mochten, es war unmöglich zu verbergen, dass ein großer Teil der Bevölkerung in körperlicher Angst vor dieser geheimnisvollen Sekte war, deren Mitglieder sie nie gesehen hatten. Man glaubte , dass die Rosenkreuzer sich mit fast gedankenschneller Geschwindigkeit von Ort zu Ort bewegen konnten und dass sie Freude daran hatten, unglückliche Bürger zu betrügen und zu quälen, besonders solche, die gegen die Gesetze der Moral verstoßen hatten. Dann kamen ganz natürlich die wildesten und unwahrscheinlichsten Geschichten, die, wie es bei solchen Dingen üblich ist, trotz all ihrer Torheit bald weit verbreitet wurden und die allgemeine Besorgnis verstärkten.

Ein Gastwirt erklärte, ein geheimnisvoller Fremder sei in sein Gasthaus gekommen, habe sich mit dem Besten von allem gütlich getan und sei plötzlich in einer Wolke verschwunden, als die Abrechnung vorgelegt wurde . Ein anderer Gast wurde von einem ähnlichen Fremden besucht, der sich eine Woche lang von den erlesensten Speisen ernährte und die besten Weine des Hauses trank und ihn mit einer Handvoll neuer Goldmünzen bezahlte, die sich am nächsten Morgen in Schiefertafeln verwandelten. Es wurde auch berichtet , dass mehrere Personen mitten in der Nacht aufwachten und in ihren Schlafzimmern Personen vorfanden, die plötzlich unsichtbar wurden, jedoch noch greifbar waren, als Alarm geschlagen wurde. Die Bestürzung in Paris war so groß, dass jeder, der keine zufriedenstellende Rechenschaft über sich ablegen konnte, Gefahr lief, zu Tode geschleudert zu werden , und ruhige Bürger schliefen mit geladenen Gewehren neben ihrem Bett, um an jedem Rosenkreuzer Rache zu nehmen, der die Heiligkeit ihrer Kammern verletzen könnte. Kein Mann und keine Frau galt als sicher; Besonders das weibliche Geschlecht war angeblich in Gefahr, denn man glaubte fest daran, dass keine Riegel, Schlösser oder Gitter Eindringlinge fernhalten könnten, und es wurde häufig berichtet, dass junge Frauen mitten in der Nacht fremde Männer von überragender Schönheit in ihren Schlafzimmern fanden, die sofort verschwanden, wenn man versuchte, die Hausbewohner aufzuwecken. Aus anderen Kreisen wurde berichtet, dass Leute völlig unerwartet Haufen von Gold in ihren Häusern fanden, ohne die geringste Ahnung zu haben, woher sie kamen; die dadurch hervorgerufenen Gefühle und Emotionen waren dementsprechend widersprüchlich, und niemand wusste, ob sein geisterhafter Besucher ein Vorbote des Guten oder des Bösen sein könnte.

Während die allgemeine Aufregung ihren Höhepunkt erreichte, erschien ein weiteres geheimnisvolles Plakat, auf dem stand: „ *Wenn jemand nur aus Neugier die Brüder des Rosenkreuzes sehen möchte, wird er niemals mit uns kommunizieren. Aber wenn sein Wille ihn wirklich dazu bewegt, seinen Namen in das Register unserer Bruderschaft einzutragen, werden wir, die wir die Gedanken aller Menschen beurteilen können, ihn von der Wahrheit unserer Versprechen überzeugen. Aus diesem Grund geben wir den Ort unseres Wohnsitzes nicht der Welt bekannt. Einzig der Gedanke, im Einklang mit dem aufrichtigen Willen derjenigen, die uns kennenlernen möchten, genügt, um uns ihnen bekannt zu machen und sie uns.* "

Diese auf diese Weise verübte Täuschung der Leichtgläubigkeit des Volkes hatte in Paris nur eine verhältnismäßig kurze Lebensdauer. Es kam zu heftigen Kontroversen zwischen jenen, die die ganze Angelegenheit für einen dummen Scherz hielten, und jenen, die aus abergläubischen Ängsten glaubten, es sei etwas Wahres daran. Die Bemühungen der Anhänger der Theorie, ihre Theorien zu verteidigen, gingen über das Ziel hinaus und deckten die Irrtümer dessen auf, was sie eigentlich stützen wollten. Die Polizei wurde vor Ort gerufen, um die Autoren der aufrührerischen Plakate aufzuspüren und zu verhaften. Die Kirche widmete sich dem moralischen und theologischen Aspekt der Sensation und gab Flugblätter heraus, in denen sie das Ganze als das Werk einiger Jünger Luthers erklärte, die ausgesandt worden waren, um Feindschaft und Widerstand gegen den Papst zu schüren. Der Abbé Gaultier, ein Jesuit, tat sich in dieser Hinsicht hervor und informierte die Öffentlichkeit, dass allein der Name der Jünger der Sekte beweise, dass sie Ketzer seien; ein von einer Rose überragtes Kreuz sei das Wappen des Erzketzers Luther. Ein anderer Schriftsteller namens Garasse erklärte, sie seien nichts weiter als eine Gruppe betrunkener Betrüger; ihr Name leite sich von der kreuzförmigen Rosengirlande ab, die in Deutschland als Symbol der Geheimhaltung über den Tischen der Wirtshäuser hing, und daher stamme auch die gängige Redensart, wenn ein Mann einem anderen ein Geheimnis mitteilte, dass man es „unter der Rose" sagte. Es wurden auch noch weitere Erklärungen bereitwillig angeboten , für deren Aufzählung wir hier nicht genug Platz haben, die aber mithilfe der in unserer Autoritätsliste aufgeführten wissenschaftlichen Werke erreicht werden können.

Die gegen die Rosenkreuzer erhobenen Vorwürfe böser Verbindungen wurden von diesen Leuten energisch und entschieden zurückgewiesen; sie versicherten in aller Deutlichkeit, dass sie nichts mit Magie zu tun hätten und keinerlei Verkehr mit dem Teufel hätten. Sie erklärten im Gegenteil, dass sie treue Anhänger des wahren Gottes seien, dass sie bereits mehr als hundert Jahre gelebt hätten und noch viele hundert Jahre zu leben erwarteten, und dass Gott ihnen vollkommenes Glück geschenkt und ihnen als Belohnung für ihre Frömmigkeit und ihren Dienst das wunderbare Wissen gegeben habe, das sie besaßen. Sie erklärten, dass sie ihren Namen nicht von einem Rosenkreuz, sondern von Christian Rosencreutz, ihrem Gründer, erhielten. Als man sie der Trunksucht bezichtigte, sagten sie, dass sie nicht wüssten, was Durst sei, und dass sie gegen die Versuchungen der verlockendsten Nahrung vollkommen immun seien. Sie äußerten ihre größte Empörung vielleicht über den Vorwurf, die Ehre tugendhafter Frauen zu verletzen, und behaupteten mit aller Entschiedenheit, dass ihr allererstes Gelübde das der Keuschheit gewesen sei und dass jeder, der diesen Eid breche, sofort aller Vorteile beraubt würde, die er besäße, und wie andere Menschen Hunger, Durst, Kummer, Krankheit und Tod ausgesetzt sein würde. Hexerei und Zauberei lehnten sie ebenfalls auf das Schärfste ab; die Existenz von Incubi und Succubi sei eine reine Erfindung ihrer Feinde, und der Mensch sei „nicht von Feinden wie diesen umgeben, sondern von Myriaden schöner und wohltätiger Wesen, die ihm alle gerne dienen würden. Die Sylphen der Luft, die Undinen des Wassers, die Gnomen der Erde und die Salamander des

Feuers waren die Freunde des Menschen und wünschten sich nichts sehnlicher, als dass die Menschen sich von aller Unreinheit reinigten und so in die Lage versetzt würden, sie zu sehen und mit ihnen zu sprechen. Sie besaßen große Macht und waren weder durch die Grenzen des Raums noch durch die Hindernisse der Materie eingeschränkt. Aber der Mensch war ihnen in einer Hinsicht überlegen. Er hatte eine unsterbliche Seele, was sie nicht hatten. Sie könnten jedoch an der Unsterblichkeit des Menschen teilhaben, wenn sie einem dieser Rasse die Leidenschaft der Liebe für sie einflößen könnten. Daher war es das ständige Bestreben der weiblichen Geister, die Bewunderung der Männer zu fesseln, und die männlichen Gnome, Sylphen, Salamander und Undinen, von einer Frau geliebt zu werden. Das Objekt dieser Leidenschaft gab, indem es ihre Liebe erwiderte, einen Teil dieses himmlischen Feuers, der Seele, weiter; und von diesem Zeitpunkt an wurde der Geliebte dem Liebenden gleich, und beide betraten, nachdem sie ihren zugewiesenen Weg zurückgelegt hatten, gemeinsam die Villen der Glückseligkeit. Diese Geister, so sagten sie, wachten ständig Tag und Nacht über die Menschheit . Träume, Omen und Vorahnungen waren ihr ganzes Werk und die Mittel, mit denen sie vor der Annäherung der Gefahr warnten. Aber obwohl sie so sehr geneigt waren, den Menschen um ihrer selbst willen Freundschaft zu schließen, machte der Mangel an Seele sie zuweilen launenhaft und rachsüchtig; sie nahmen an geringfügigen Anlässen Anstoß und häuften Schaden statt Nutzen auf die Köpfe derer, die das Licht der Vernunft, das in ihnen war, durch Völlerei, Ausschweifung und andere körperliche Gelüste auslöschten." [3] So groß die Aufregung auch war, die diese Plakate, Pamphlete und Berichte in der französischen Hauptstadt hervorriefen, sie hielt schließlich nur ein paar Monate an. Die sich anhäufenden Absurditäten wurden selbst für die abergläubigsten zu viel, und ihre Ängste wurden von jenem Gefühl des Lächerlichen überwunden, das sich rasch manifestierte. Statt wie zuvor zu zittern, lachten und spotteten die Menschen, und die Entdeckung, Verhaftung und summarische Bestrafung einer Anzahl von Betrügern, die versucht hatten, Klumpen vergoldeten Messings als reines, durch alchemistische Verfahren hergestelltes Gold auszugeben, unterstützt durch eine klug geschriebene Enthüllung der Torheiten der Sekte durch Gabriel Naudé, führte dazu, dass die ganze Sache bald aus dem französischen Staatsgebiet vertrieben wurde.

KAPITEL III.

Frühe Führer – Literatur – Romantische Geschichten.

WIR werden nun über einige der prominenteren Führer und Lehrer der Rosenkreuzer sprechen und auf die Literatur aufmerksam machen, aus der wir unsere einzigen zuverlässigen Informationen beziehen.

Im 16. Jahrhundert lebte der außergewöhnliche Mensch Theophrastus Paracelsus, dessen Schriften vielleicht einen größeren Einfluss auf die Gedanken seiner Mitmenschen ausübten als die Schriften jedes anderen Autors seiner Zeit. Kein Mensch hat mit Sicherheit so viel wie er zur Verbreitung des Kabbalismus, der Theosophie und der Alchemie beigetragen, die Deutschland überfluteten und einen Großteil Westeuropas überschwemmten. Nun glaubte man allgemein, dass im 17. Jahrhundert eine große und allgemeine Reformation der Menschheit stattfinden würde, als notwendiger Vorläufer des Tages des Jüngsten Gerichts. In diesem Zusammenhang machte Paracelsus mehrere Prophezeiungen, die die Öffentlichkeit sehr stark beeinflussten. Er erklärte, dass der Komet, der 1572 erschien, das Zeichen und der Vorbote der kommenden Revolution sei, und er prophezeite, dass bald nach dem Tod Kaiser Rudolfs drei Schätze gefunden würden, die bis dahin noch nie zuvor enthüllt worden waren. Im Jahre 1610 wurden gleichzeitig drei Bücher veröffentlicht, die zur Gründung des Rosenkreuzerordens als Bezirksgesellschaft führten. Eines trug den Titel „ *Universelle Reformation der ganzen weiten Welt* “. De Quincey fasst seinen Inhalt folgendermaßen zusammen: „Die Sieben Weisen von Griechenland werden auf Wunsch des Kaisers Justinian zusammen mit Mons. Cato und Seneca und einem Sekretär namens Mazzonius von Apollon nach Delphi gerufen und beraten dort über die beste Methode, das menschliche Elend zu beheben. Es werden alle möglichen merkwürdigen Pläne vorgeschlagen. Thales rät, in jedes Menschen Brust ein Loch zu schneiden und ein kleines Fenster hineinzusetzen, wodurch es möglich werde, ins Herz zu schauen, Heuchelei und Laster zu erkennen und sie so auszulöschen. Solon schlägt eine gleichmäßige Aufteilung allen Besitzes und Reichtums vor. Chilos Meinung ist, der schnellste Weg zum angestrebten Ziel sei, die beiden berüchtigten und schurkischen Metalle Gold und Silber aus der Welt zu verbannen. Kleolinlus tritt als Verteidiger von Gold und Silber auf, meint aber, dass Eisen verboten werden sollte , weil in diesem Fall keine Kriege mehr zwischen den Menschen geführt werden könnten. Pittacus besteht auf strengeren Gesetzen, die Tugend und Verdienst zu den einzigen Pässen der Ehre machen sollten; Periander wendet jedoch ein, dass es nie einen Mangel an solchen Gesetzen oder an Fürsten gegeben habe, die sie durchführten, aber einen Mangel an Untertanen, die sich an gute Gesetze hielten. Bias ' Einbildung ist, dass die Nationen voneinander getrennt und jede in ihrem eigenen Zuhause belassen werden sollte; und zu diesem Zweck sollten alle Brücken zerstört, Berge unüberwindbar gemacht und die Schifffahrt vollständig verboten werden. Cato, der der weiseste der Partei zu sein scheint, wünscht, dass Gott in seiner Gnade alle Frauen durch eine neue Sintflut vom Erdboden spülen und gleichzeitig eine neue Regelung für den Fortbestand des vortrefflichen männlichen Geschlechts ohne weibliche Hilfe einführen möge. Über diesen angenehmen und vernünftigen Vorschlag zeigt die ganze Gesellschaft ihr größtes Missfallen und hält ihn für so abscheulich, dass sie sich einstimmig auf den Boden wirft und inbrünstig zu Gott betet, „dass er gnädigerweise das schöne Geschlecht der Frauen bewahren möge" (welch ein Unsinn) „und die Welt vor einer zweiten Sintflut bewahren!" Nach langer Debatte setzt sich schließlich der Rat Senecas durch; dieser Rat lautet, dass aus allen Rängen eine Gesellschaft gebildet werden soll, deren Ziel das allgemeine Wohl der Menschheit ist und dies im Geheimen verfolgt. Dieser Rat wird angenommen, allerdings ohne große Hoffnung seitens der Delegation, aufgrund des verzweifelten Zustands des „Zeitalters", das persönlich vor ihnen erscheint und seinen eigenen erbärmlichen Gesundheitszustand beschreibt."

Das zweite Werk war die berühmte *Fama Fraternitatis* des verdienstvollen Ordens des Rosenkreuzes, die sich an die Gelehrten im Allgemeinen und die Herrscher Europas richtete. Hier können wir De Quincey noch einmal zitieren: „Christian Rosenkreuz, von edler Herkunft, hatte auf seinen Reisen in den Osten und nach Afrika große Geheimnisse von Arabern, Chaldäern usw. gelernt und gründete nach seiner Rückkehr nach Deutschland an einem nicht genannten Ort eine Geheimgesellschaft, die zunächst aus vier, später aus acht Mitgliedern bestand, die zusammen in einem von ihm errichteten Gebäude namens Haus des Heiligen Geistes lebten: Diesen Personen teilte er unter einem Treue- und Geheimhaltungsgelübde seine Geheimnisse mit. Nachdem sie unterrichtet worden waren , löste sich die Gesellschaft einvernehmlich an ihren Bestimmungsort auf, mit Ausnahme von zwei Mitgliedern, die abwechselnd beim Gründer blieben. Die Regeln des Ordens waren diese: Die Mitglieder sollten die Kranken ohne Gebühr oder Belohnung heilen. Kein Mitglied durfte eine besondere Tracht tragen, sondern musste sich nach Landesmode kleiden. An einem bestimmten Tag im Jahr versammeln sich alle Mitglieder im Haus des Heiligen Geistes oder erklären ihre Abwesenheit. Jedes Mitglied bestimmt eine Person mit den entsprechenden Qualifikationen, die ihm nach seinem Ableben nachfolgt. Das Wort Rosenkreuz soll ihr Siegel, ihr Losungswort und ihr Erkennungszeichen sein. Die Vereinigung soll hundert Jahre lang geheim gehalten werden . Christian Rosenkreuz starb im Alter von hundert Jahren. Sein Tod war der Gesellschaft bekannt , nicht jedoch sein Grab; denn es war eine Maxime der ersten Rosenkreuzer, ihre Grabstätten sogar voreinander geheim zu halten. Ständig wurden neue Meister in das Haus des Heiligen

Geistes gewählt , und die Gesellschaft hatte nun 120 Jahre bestanden. Am Ende dieser Zeit wurde im Haus eine Tür entdeckt und beim Öffnen dieser Tür ein Grabgewölbe. Auf der Tür befand sich diese Inschrift: In einhundertzwanzig Jahren werde ich öffnen (*Post CXX. annos patebo*). Das Gewölbe war ein Siebeneck. Jede Seite war fünf Fuß breit und acht Fuß hoch. Es wurde von einer künstlichen Sonne beleuchtet . In der Mitte stand anstelle eines Grabsteins ein runder Altar mit einer kleinen Messingplatte, auf der folgende Worte eingraviert waren: Dieses Grab, ein Abbild der ganzen Welt, habe ich mir zu Lebzeiten geschaffen (ACRC Hoc Universi compendium vivus mihi sepulchrum feci). Am Rand stand : Für mich ist Jesus alles in allem (Jesus mihi omnia). In der Mitte waren vier Figuren in einem Kreis von der umlaufenden Legende umschlossen: Nequaquam vacuum legis jugum. Libertas Evangelii. Dei gloria intacta. (Das leere Joch des Gesetzes wird zunichte gemacht. Die Freiheit des Evangeliums. Die unbefleckte Herrlichkeit Gottes). Jede der sieben Seiten des Gewölbes hatte eine Tür, die zu einer Truhe führte; Diese Truhe enthielt außer den geheimen Büchern des Ordens und dem *Vocabularium* des Paracelsus auch Spiegel, Glöckchen, brennende Lampen, wunderbare Musikmechanismen usw., alles so konstruiert, dass der Orden nach vielen Jahrhunderten, sollte er untergegangen sein, mithilfe dieses Gewölbes wiederhergestellt werden konnte. Als die Brüder unter dem Altar die eherne Tafel erhoben, fanden sie den Leichnam von Rosenkreuz, ohne Makel oder Verderbtheit. In der rechten Hand hielt er ein Buch, das mit goldenen Lettern auf Pergament geschrieben war. Dieses Buch, das T. genannt wird , ist seitdem nach der Bibel das wertvollste Juwel der Gesellschaft geworden. Am Ende stehen die Namen der acht Brüder, in zwei Kreisen angeordnet, die beim Tod und Begräbnis von Pater Rosenkreuz anwesend waren. Unmittelbar nach der obigen Erzählung folgt eine Erklärung ihrer Mysterien, die die Gesellschaft an die ganze Welt richtet. Sie bekennen sich zum protestantischen Glauben und geben an, den Kaiser und die Gesetze des Reichs zu ehren. und dass die Kunst des Goldmachens für sie nur eine Nebensache ist." Das Ganze endet mit diesen Worten: „Unser Haus des Heiligen Geistes ist dazu bestimmt, auf ewig unberührt, unerschütterlich, außer Sicht und unentdeckt für die ganze gottlose Welt zu bleiben, auch wenn hunderttausend Menschen es betrachtet haben."

Bevor wir uns ausführlich mit dem dritten der erwähnten Bücher befassen, wollen wir uns einigen weiteren Berichten über die Grabstätte des Gründers dieser Partei zuwenden. Obwohl sie sich in mancher Hinsicht ähneln und im Großen und Ganzen die gleichen Fakten wiedergeben, liefern sie doch andere interessante und merkwürdige Informationen.

Die folgende Geschichte wurde von einem Autor über die Rosenkreuzer zitiert, wie sie Dr. Plot in seiner History of Staffordshire erzählte; eine sorgfältige Untersuchung der vier Exemplare dieses Werks in der Bibliothek des British Museum konnte die Geschichte jedoch nicht ans Licht bringen; sie geht folgendermaßen aus: Am Ende eines Sommertages grub ein Landmann einen Graben in einem Feld in einem Tal, das von dichten Waldgebieten umgeben war. Es war kurz nach Sonnenuntergang, und der von seiner Aufgabe ermüdete Arbeiter wollte gerade seine Arbeit beenden; bevor seine Spitzhacke jedoch ihren letzten Schlag ausgeführt hatte, schlug sie mit ausreichender Kraft gegen ein hartes Material knapp unter der Erdoberfläche, um einen hellen Funken in die Abenddämmerung zu sprühen. Dies weckte seine Neugier, er vergaß seine Müdigkeit und grub weiter, begierig herauszufinden, was er entdeckt hatte. Der Stein, auf den er gestoßen war, war groß und flach und lag fast in der Mitte eines Feldes in beträchtlicher Entfernung von allen Bauernhöfen der Nachbargegend. Es war mit Gras und Unkraut bedeckt, das viele Jahre lang gewachsen war, und hatte einen großen Eisenring, der an einem Ende in einer Fassung befestigt war. Eine Zeit lang war es zu viel für die Kräfte des Landsmanns , ein halbes Stunden langes Kämpfen konnte es nicht aus seiner Position bewegen, und erst als er mit Hilfe eines Seils und eines Baumes ein Gerät befestigt hatte, gelang es ihm, es anzuheben. Dann fand er, dass es eine tiefe Mulde im Boden bedeckte, in der er nach einiger Untersuchung eine Steintreppe von anscheinend außergewöhnlicher Tiefe entdeckte. Seine Neugier, wohin die Stufen führten, und der Gedanke, vielleicht der Entdecker eines verborgenen Schatzes zu sein, gaben ihm mehr Mut, als er von Natur aus besaß, und er stieg einige Stufen hinab, dann, nachdem er vergeblich versucht hatte, in die Dunkelheit darunter vorzudringen, hielt er inne und blickte zum Himmel hinauf. Ermutigt durch die Reste des Sonnenlichts und den leuchtenden Planeten Venus über ihm, setzte er seinen Abstieg fort. Er ging, wie er annahm, dreißig Meter unter die Erde, als er auf einen quadratischen Treppenabsatz mit einer Nische in der Wand stieß, dann kam er zu einer weiteren langen Treppe, die immer noch in die Dunkelheit hinabführte. Erneut hielt er inne und blickte hinauf zu dem jetzt sehr kleinen Stück Himmel, das über ihm sichtbar war. Da er nichts sah, was ihn beunruhigen könnte, und in der Hoffnung, das Geheimnis bald lüften zu können, streckte er die Hände aus, tastete vorsichtig die Wände ab und setzte mit gleicher Vorsicht seine Füße langsam und fest auf jede Stufe, ging mutig vorwärts und zählte beim Abstieg zweihundertzwanzig Stufen. Er konnte ziemlich frei atmen , bemerkte jedoch einen aromatischen Geruch wie den von brennendem Weihrauch, den er für ägyptisch hielt. Er bemerkte, dass dieser ab und zu von unten heraufstieg, als käme er aus einer anderen Welt, und ihm kam der Gedanke, dass er aus der Welt der Bergbaugnome stammte und dass er dabei war, ihre Geheimnisse zu lüften. Trotz all seiner Ängste ging er dennoch weiter, bis er für einen Moment von einer Wand vor ihm aufgehalten wurde; als er jedoch scharf nach rechts abbog, fand er den Weg offen und entdeckte eine noch tiefere Treppe, an deren Fuß ein stetiges, wenn auch blasses Licht war. Seine Bestürzung, so tief unten im Erdinneren Licht zu entdecken, war natürlich groß, aber nicht groß genug, um seine Neugier zu überwinden und ihn dazu zu bewegen, denselben Weg zurückzuverfolgen, und er begann erneut, die verfallenen alten Stufen hinabzusteigen, die aussahen, als wären sie seit Ewigkeiten nicht mehr betreten worden. Dann glaubte er, über sich ein geheimnisvolles Grollen zu hören, wie das Geräusch schwerer Wagen und Pferde, dann war alles wieder still. Oft hielt er inne und überlegte, er könnte umkehren, weil er dachte, er könnte zufällig über das Versteck von Räubern oder die Wohnstätte böser Geister gestolpert sein; eine Weile blieb er stehen, ziemlich gelähmt vor Angst. Dann begann er sich daran zu erinnern, wo er gearbeitet hatte, er dachte an das Feld oben, die umliegenden Wälder und sein Heimatdorf, das nur ein paar Meilen entfernt war. Das munterte ihn ein wenig auf, aber er ging mit noch immer großer Furcht im Herzen die restlichen Stufen hinunter, wobei das Licht mit jedem Schritt heller wurde. Schließlich gelangte er in eine quadratische Kammer, die aus großen, behauenen alten Steinen gebaut war. Voller Ehrfurcht und Staunen fand er einen gepflasterten Boden und ein hohes Dach, das sich zu einer Mitte erhob, in deren Leisten eine Rose wunderschön in dunklen Stein oder Marmor gehauen war. Die Angst, die er bis dahin empfunden hatte, war nichts im Vergleich zu der Furcht, die ihn überkam, als, nachdem er ein gotisches Steinportal passiert hatte, plötzlich Licht mit einer Helligkeit, die der der untergehenden Sonne entsprach, über ihn hereinströmte und ihm die Gestalt eines Mannes offenbarte, dessen Gesicht verborgen war, während er in fleißiger Haltung auf einem Steinstuhl saß und in einem großen Buch las, die Ellbogen auf einem Tisch wie einem rechteckigen Altar ruhend, im Licht einer großen, alten Eisenlampe, die an einer dicken Kette in der Mitte des Daches hing. Der abenteuerlustige Landsmann konnte den Schrei nicht unterdrücken, der auf seine Lippen stieg, als er diese seltsame und unerwartete Szene betrachtete. Als das Geräusch seines Fußes, der den Boden berührte, durch den Raum hallte, sprang die Gestalt kerzengerade aus ihrer sitzenden Position auf, als ob sie schrecklich erstaunt wäre. Sie richtete ihren vermummten Kopf auf und schien wütend den Eindringling zu befragen. Dieser schien vollkommen fasziniert von dem, was er sah, und anstatt sich zurückzuziehen, trat er noch einen Schritt weiter in den Raum. Augenblicklich streckte die Gestalt ihren Arm aus, als ob sie den Eindringling warnen wollte; in der Hand hielt sie einen Eisenknüppel *und* erhob ihn in der bedrohlichsten Haltung, aber der unglückliche Entdecker, der sich scheinbar nicht beherrschen konnte, machte einen dritten Schritt nach vorne, und dann hob das Bild oder der Mann seinen Arm hoch über seinen Kopf, und als sein Knüppel die Lampe traf, ließ ein gewaltiger Schlag den Ort in völlige

Dunkelheit zurück. Es folgte nichts weiter als ein langes, tiefes Donnergrollen, das allmählich verklang und alles war still.

Der Ort wurde später als Grabstätte eines Bruderschaftsmitgliedes bekannt, das im Volksmund Rosenkreuzer genannt wurde. Man sagt, dass die Anordnung der Lampe von einem Rosenkreuzer stammte, um zu zeigen, dass er das Geheimnis der ewig brennenden Lampen der Alten entdeckt hatte, jedoch entschlossen war, dass niemand davon profitieren sollte.

Der Spectator, Nr. 379 , berichtet folgendes: „Als eine gewisse Person Gelegenheit hatte, etwas tiefer in der Erde zu graben, wo dieser Philosoph (Rosenkreuz) begraben lag, stieß sie auf eine kleine Tür, die auf beiden Seiten von einer Mauer umgeben war. Seine Neugier und die Hoffnung, einen verborgenen Schatz zu finden, veranlassten ihn bald, die Tür gewaltsam zu öffnen. Sofort wurde er von einem plötzlichen Lichtblitz überrascht und entdeckte ein sehr schönes Gewölbe. Am oberen Ende stand die Statue eines Mannes in Rüstung, der an einem Tisch saß und sich auf seinen linken Arm stützte. In seiner rechten Hand hielt er einen Schlagstock und vor ihm brannte eine Lampe. Der Mann hatte kaum einen Fuß in das Gewölbe gesetzt, als sich die Statue aus ihrer schiefen Haltung aufrichtete und kerzengerade stand. Als der Mann einen weiteren Schritt machte, hob sie seinen Schlagstock in die rechte Hand. Der Mann wagte noch einen dritten Schritt, als die Statue mit einem wütenden Schlag die Lampe in tausend Stücke zerschmetterte und seinen Gast in plötzlicher Dunkelheit zurückließ. Als die Leute von diesem Abenteuer berichteten, kamen sie mit Lichtern zum Grab und entdeckten, dass die aus Messing gefertigte Statue nichts weiter als ein Uhrwerk war; dass der Boden des Gewölbes ganz locker war und mit mehreren Federn darunter lag, die beim Betreten des Grabes auf natürliche Weise das bewirkten, was geschehen war. Rosenkreuz, sagen seine Schüler, nutzte diese Methode, um der Welt zu zeigen, dass er die ewig brennenden Lampen der Alten neu erfunden hatte, obwohl er entschlossen war, dass niemand aus der Entdeckung einen Vorteil ziehen sollte."

Zu der oben im Spectator Nr. 379 wiedergegebenen Geschichte sagt ein Autor in Notes and Queries (6. S., 7. Bd.): „Dies ist eine sehr alte Erzählung, die immer wieder gedruckt wurde. Das Folgende ist eine frühe Version, die 1482 von Caxton gedruckt wurde ; ich zitiere jedoch die Ausgabe, die 1527 von Peter de Treveris gedruckt wurde. Das Polycronicon wurde ursprünglich Anfang des 14. Jahrhunderts auf Latein verfasst und 1357 ins Englische übersetzt . Da das Buch hauptsächlich eine Zusammenstellung alter Mönchschroniken ist, war die Erzählung wahrscheinlich schon sehr alt, als Higden sie in das Polycronicon aufnahm. Auf jeden Fall war sie lange vor dem angegebenen Todesjahr des etwas mythischen Christian Rosencrutz im Umlauf. Ich bin auf mehrere Versionen gestoßen, die mehr oder weniger voneinander abweichen. In einer löscht ein Mann mit Pfeil und Bogen die

Lampe aus. Es gibt viele Berichte über diese Wunderlampen, die Hunderte von Jahren nach ihrer Beerdigung brennend in Gräbern entdeckt wurden, aber da ich es versäumt habe, sie aufzuschreiben, kann ich im Moment keine Referenzen angeben ... In Albesterio, einem Ort, der Mutatorium Cesaris hieß, wurden Stolen für Kaiser hergestellt . Es gab auch einen Kerzenständer aus einem Stein namens Albestone, als er einem Stein gehörte und ein Feuer entzündete, und ich setzte mich ohne dich hin, niemand konnte es löschen,

mit keinem Handwerk, das Menschen ersinnen konnten. Auf **ꝺ R.** diese Weise könnte es sein, dass der Riese Pallas im Jahr 1.000.000 Jahre unseres Herrn starb. Dass in Rom die Leiche eines Geantes gefunden wurde, tief und fest vergraben. Die Wunde war viereinhalb Fuß lang, die Länge seines Körpers überschritt die Höhe der Mauern. An seinem Kopf wurde eine Laterne gefunden, die immer brannte, damit niemand sie mit Wind, Wasser oder anderen Mitteln löschen konnte, bis zu der Zeit, als ein kleines Loch unter der Laterne gemacht wurde, damit der Wind hineingehen konnte. Man sagt, dass Turnus diese Pallas opferte, als Eneas für Lanina kämpfte, die Eneas' Frau war. Dieses Geantes Epytaphium ist dies. Der Wrytyug des Myndes von Hym, der dort lag, war dies. Pallas Enandres liegt hier, Hym Turnus der Ritter mit seinem langsamen Spere in seiner Art."

Mit einer weiteren Anmerkung möchte ich diesen Teil des Themas abschließen.

Obwohl wir in den Werken einiger Apologeten der Rosenkreuzer außergewöhnliche Aussagen über die Lebenserwartung finden (John Higden gibt vor, zu zeigen, wie ein Mensch zweihundert Jahre alt werden kann), und obwohl einige Mitglieder der Bruderschaft tatsächlich sehr viele Jahre alt wurden, sterben sie trotz ihrer angeblichen Fähigkeit, Krankheiten vorzubeugen oder sie zu lindern, schließlich einer nach dem anderen. Der Gründer selbst scheint das ziemlich hohe Alter von 106 Jahren (manche sagen 100) erreicht zu haben. Dann starb er , und der *Fama zufolge* blieb der Ort seiner Beerdigung für alle ein Geheimnis, außer für die beiden Brüder, die bei ihm waren, und diese nahmen das Geheimnis gemäß der Vereinbarung, zu der sie sich verpflichtet hatten, mit ins Grab. Die Gesellschaft bestand weiterhin, der Welt unbekannt und immer aus acht Mitgliedern bestehend, bis weitere 120 Jahre vergangen waren, als einer Überlieferung unter ihnen zufolge das Grab von Rosenkrutz entdeckt werden sollte und die Bruderschaft kein Geheimnis mehr für die Welt war. Ungefähr zu dieser Zeit begannen die Brüder, einige Änderungen an ihrem Gebäude vorzunehmen, und dachten daran, die Gedenktafel, auf der die Namen der Mitglieder eingraviert waren, an einen anderen und passenderen Ort zu verlegen. Die Platte, die aus Messing war, wurde mit einem Nagel in der Mitte an der Wand befestigt und hielt so fest, dass beim Abreißen auch ein Teil des Putzes abfiel und ihnen eine verborgene Tür offenbarte.

Nachdem diese Tür noch weiter von der Verkrustung gereinigt worden war, erschien oben in großen Buchstaben

Post CXX Jahre Patebo.

Ihre Freude über diese unerwartete Entdeckung war groß; doch sie zügelten ihre Neugier so sehr, dass sie die Tür erst am nächsten Morgen öffneten. Da fanden sie sich in einem siebenseitigen Gewölbe wieder, dessen Seiten jeweils fünf Fuß breit und acht Fuß hoch waren. Es wurde von einer künstlichen Sonne in der Mitte des gewölbten Daches beleuchtet, und in der Mitte des Bodens stand anstelle eines Grabes ein runder Altar, der mit einer kleinen Messingplatte bedeckt war, auf der die Inschrift stand:

ACRC Hoc, Universi-Kompendium, vivus mihi
sepulchrum feci.

Ungefähr am äußeren Rand stand: „Jesus mihi omnia".

In der Mitte befanden sich vier Figuren, jede von einem Kreis umgeben, mit den folgenden Umschriften:

1. Nequaquam-Vakuum.
2. Gesetz der Jugum.3. Libertas Evangelii.4. Die Herrlichkeit ist intakt.

Daraufhin knieten sie alle nieder und dankten dem Himmel, dass er sie so viel weiser gemacht hatte als den Rest der Welt, eine angeborene Eigenschaft, die die Glaubwürdigkeit der Geschichte nicht wenig steigert. Dann teilten sie das Gewölbe in drei Teile – das Dach oder den Himmel – die Wand oder die Seiten – und den Boden oder das Pflaster. Der erste und der letzte waren entsprechend den sieben Seiten in Dreiecke unterteilt, während jede Seite in zehn Quadrate mit Figuren und Sätzen unterteilt war, die den Neuinitiierten erklärt werden sollten. Jeder dieser Teile hatte wiederum eine Tür, die zu einem Schrank führte, in dem verschiedene seltene Gegenstände aufbewahrt wurden, wie geheime Bücher des Ordens, das Vokabular des Paracelsus und andere Dinge derselben Art, die sogar Laien mitgeteilt werden durften. In einem entdeckten sie das Leben und den Lebensweg ihres Gründers; in einem anderen stießen sie auf Spiegel mit unterschiedlichen Eigenschaften, eine kleine Glocke, brennende Lampen und eine Vielzahl merkwürdiger Dinge, die dazu beitragen sollten, den Orden wieder aufzubauen, der nach vielen Jahrhunderten verfallen sollte. Die Neugier, ihren Gründer wiederzusehen, veranlasste sie, den Altar beiseite zu schieben, als sie auf eine starke Messingplatte stießen, und auch diese wurde entfernt .

„Vor ihren Augen lag der Zauberer,
als wäre er noch keinen Tag tot."

Moreover, wie die berühmte Persönlichkeit, die in diesen Zeilen beschrieben wird, hatte er ein Buch unter dem Arm, das sich als Pergament mit goldenen

Buchstaben erwies, und am Ende standen in zwei getrennten Kreisen die Namen von acht Brüdern, die bei der Beerdigung ihres Gründers dabei gewesen waren. Neben der Bibel schätzten die Rosenkreuzer dieses Buch mehr als jeden Teil ihres Erbes, doch wird nicht gesagt, ob sie einige dieser Raritäten mitnahmen oder den Toten in ruhigem Besitz seiner Schätze ließen. [4]

KAPITEL IV.

Der Ruhm und das Bekenntnis der Bruderschaft.

WIR möchten die Aufmerksamkeit unserer Leser nun auf das dritte der erwähnten Bücher lenken, das etwa im Jahr 1610 gleichzeitig veröffentlicht wurde. „Es ist wichtig", so De Quincey, „seinen Inhalt zu untersuchen, da es auf sehr seltsame Weise zur Gründung des Rosenkreuzerordens als eigenständige Körperschaft führte." Das dritte Buch ist die *Confessio Fraternitatis* , die wir fast vollständig vorlegen.

Der Ruhm und das Bekenntnis der Bruderschaft der R :C:Community , des Rosie Cross.

DER BRIEF AN DEN LESER : An den weisen und verständnisvollen Leser.

Weisheit (sagt Salomon) ist für den Menschen ein unendlicher Schatz, denn sie ist der Atem der Kraft Gottes und ein reiner Einfluss, der der Herrlichkeit des Allmächtigen entspringt. Sie ist der Glanz des ewigen Lichts und ein unbefleckter Spiegel der Majestät Gottes und ein Abbild seiner Güte. Sie lehrt uns Nüchternheit und Besonnenheit, Gerechtigkeit und Stärke. Sie versteht die Feinheit der Worte und die Lösung dunkler Sätze. Sie kennt Zeichen und Wunder im Voraus und weiß, was in der Zukunft geschehen wird. Mit diesem Schatz war unser erster Vater Adam völlig ausgestattet. Daher scheint es, dass Gott, nachdem er ihm alle Geschöpfe des Feldes und die Vögel unter dem Himmel vorgestellt hatte, jedem von ihnen entsprechend seiner Natur seinen richtigen Namen gab.

Obwohl dieses hervorragende Juwel der Weisheit durch den traurigen Sündenfall verloren gegangen ist und nur noch Dunkelheit und Unwissenheit in die Welt gekommen ist, hat Gott der Herr sie dennoch bis heute einigen seiner Freunde zuteilwerden lassen und offenbart. Der weise König Salomon bezeugt nämlich von sich selbst, dass er durch ernstes Gebet und Verlangen diese Weisheit Gottes erhielt und erlangte, sodass er wusste, wie die Welt erschaffen wurde. Dadurch verstand er die Natur der Elemente, auch die Zeit, den Anfang, die Mitte und das Ende, die Zunahme und Abnahme, den Wechsel der Zeiten im Laufe des ganzen Jahres und die Ordnung der Sterne. Er verstand auch die Eigenschaften zahmer und wilder Tiere, die Ursache für das Toben der Winde und die Gedanken und Absichten der Menschen. Alle Arten und Naturen der Pflanzen, die Tugenden der Wurzeln und andere Dinge waren ihm nicht unbekannt. Nun glaube ich nicht, dass es jemanden gibt, der nicht von ganzem Herzen den Wunsch hätte, an diesem edlen Schatz teilzuhaben. Da aber niemandem dasselbe Glück widerfahren kann, es sei denn, Gott selbst schenkt Weisheit und sendet seinen Heiligen Geist von oben, haben wir deshalb diese kleine Abhandlung, nämlich „Famam und Confessionem" der Lobenswerten Bruderschaft vom Rosenkreuz, gedruckt veröffentlicht, damit sie von jedermann gelesen werden kann, weil darin klar gezeigt und entdeckt wird, was die Welt diesbezüglich zu erwarten hat.

Obwohl diese Dinge etwas seltsam erscheinen mögen und viele glauben, dass es sich bei dem, was über die Rosenkreuzerbruderschaft veröffentlicht und erzählt wird, nur um eine philosophische Schau und nicht um wahre Geschichte handelt, soll unser Bekenntnis hier hinreichend deutlich machen, dass notwendigerweise mehr dahinter steckt, *als* man sich vorstellen kann. Und es soll für jeden (sofern er nicht völlig verständnislos ist) leicht verständlich und erkennbar sein, was heutzutage und in der heutigen Zeit damit gemeint ist.

Diejenigen, die wahre Jünger der Weisheit und wahre Anhänger der Sphärenkunst sind, werden diese Dinge besser bedenken und höher schätzen, als auch ganz anders darüber zu urteilen, wie es einige führende Persönlichkeiten getan haben, insbesondere Adam Haselmeyer, Notarius Publicus des Erzherzogs Maximilian, der ebenfalls einen Auszug ex scriptis Theologicis Theophrasti angefertigt und einen Traktat unter dem Titel Jesuiter geschrieben hat, in dem er will, dass jeder Christ ein wahrer Jesuit sein soll, das heißt, in Jesus zu wandeln, zu leben, zu sein und zu bleiben. Er wurde von den Jesuiten nur schlecht belohnt, weil er in seiner Antwort an die *Famam* die von der Bruderschaft des Rosenkreuzes, die hocherleuchteten Männer und unfehlbaren Jesuiten, nannte ; denn sie konnten dies nicht ertragen, legten Hand an ihn und warfen ihn in die Calleis, wofür sie ebenfalls ihre Belohnung zu erwarten haben.

Von nun an wird die selige Aurora zu erscheinen beginnen, die (nachdem die dunkle Nacht des Saturn vorüber ist) mit ihrem Glanz das Leuchten des Mondes oder die kleinen Funken der Himmlischen Weisheit, die den Menschen noch immer verbleiben, völlig auslöscht und ein Vorläufer des angenehmen Phebus ist, der mit seinen klaren und feurig glitzernden Strahlen jenen gesegneten Tag hervorbringt, den sich viele Aufrichtige so lange gewünscht haben. An diesem Tageslicht wird man dann wahrhaftig erkennen und alle himmlischen Schätze der göttlichen Weisheit sowie die Geheimnisse aller verborgenen und unsichtbaren Dinge in der Welt gemäß der Lehre unserer Vorväter und alten Weisen sehen.

Dies wird der wahre königliche Rubin und der herrlichste leuchtende Karfunkel sein, von dem gesagt wird, dass er leuchtet und Licht in die Dunkelheit bringt und ein vollkommenes Heilmittel für alle unvollkommenen Körper ist und sie in das beste Gold verwandelt und alle Krankheiten der Menschen heilt und sie von allen Schmerzen und Leiden befreit.

Seien Sie daher, lieber Leser, ermahnt, dass Sie mit mir inständig zu Gott beten, dass es ihm gefallen möge, die Herzen und Ohren aller Menschen mit

Hörbehinderung zu öffnen und ihnen seinen Segen zu gewähren, damit sie ihn in seiner Allmacht erkennen können, mit bewundernder Betrachtung der Natur, zu seiner Ehre und seinem Lob und zur Liebe, Hilfe, Trost und Stärkung unserer Nächsten und zur Genesung der Kranken.

Fama Fraternitatis oder
eine Entdeckung der Bruderschaft des höchst lobenswerten Rosenkreuz-
Ordens.

Da der einzige weise und barmherzige Gott in diesen letzten Tagen seine Gnade und Güte so reichlich über die Menschheit ausgegossen hat, wodurch wir immer mehr zur vollkommenen Erkenntnis seines Sohnes Jesus Christus und der Natur gelangen, können wir mit Recht der glücklichen Zeit rühmen, in der uns nicht nur die Hälfte der Welt entdeckt wurde, die bislang unbekannt und verborgen war, sondern er uns auch viele wunderbare und nie zuvor gesehene Werke und Geschöpfe der Natur offenbart hat und darüber hinaus Menschen mit großer Weisheit erweckt hat, die alle Künste (die in unserem Zeitalter befleckt und unvollkommen sind) teilweise erneuern und zur Vollkommenheit bringen könnten; so dass der Mensch schließlich dadurch seine eigene Vornehmheit und seinen Wert verstehen könnte und warum er Mikrokosmos genannt wird und wie weit sein Wissen in der Natur reicht.

Obwohl die rohe Welt hierüber wenig erfreut sein wird, sondern eher darüber lächelt und spottet, ist auch der Stolz und die Habgier der Gelehrten so groß, dass sie es nicht dulden, dass sie einer Meinung sind. Wären sie sich einig, könnten sie aus all den Dingen, die Gott uns in unserem Zeitalter so reichlich schenkt, das *Librum Naturæ* oder eine vollkommene Methode aller Künste zusammentragen. Doch ihre Gegnerschaft ist so groß, dass sie noch immer am alten Kurs festhalten und ihn nur ungern verlassen. Sie schätzen Porphyr, Aristoteles und Galen, ja, sogar das, was nur den Anschein von Gelehrsamkeit erweckt, höher als das klare und offenbare Licht und die Wahrheit, die, wenn sie noch am Leben wären, ihre irrigen Lehren mit großer Freude aufgeben würden. Aber hier gibt es zu viele Schwächen für solch ein großes Werk, und obwohl sich die Wahrheit in Theologie, Physik und Mathematik selbst widersetzt, zeigt sich der alte Feind durch seine List und Tücke, indem er jedes gute Vorhaben durch seine Instrumente und streitsüchtige, unentschlossene Menschen behindert. Für dieses Vorhaben einer allgemeinen Reformation hat der frommste und erleuchtetste Vater, unser Bruder CR, ein Deutscher, der Chef und Gründer unserer Bruderschaft, viel und lange gearbeitet. Aufgrund seiner Armut (obwohl er von edlen Eltern abstammte) wurde er im fünften Jahr seines Lebens in ein Kloster gebracht, wo er die griechische und lateinische Sprache erlernte. Da er noch in seinen Wachstumsjahren war, wurde er (auf seinen ernsthaften

Wunsch und seine Bitte hin) mit einem Bruder PAL zusammengebracht, der sich entschlossen hatte, ins Heilige Land zu gehen.

Obwohl dieser Bruder auf Zypern starb und daher nie nach Jerusalem kam, kehrte unser Bruder CR nicht zurück, sondern verschiffte sich und ging nach Damaskus, mit der Absicht, von dort nach Jerusalem zu gehen. Aufgrund seiner körperlichen Schwäche blieb er jedoch dort und erlangte durch seine Heilkünste große Gunst bei den Türken. In der Zwischenzeit lernte er durch Zufall die Weisen von Damaskus in Arabien kennen und sah, welche großen Wunder sie vollbrachten und wie ihnen die Natur offenbart wurde. Dadurch wurde der hohe und edle Geist von Bruder CR so erregt, dass er nun nicht mehr so sehr an Jerusalem, sondern vielmehr an Damaskus dachte. Auch konnte er seine Wünsche nicht länger zügeln und schloss mit den Arabern einen Handel ab, dass sie ihn für eine bestimmte Geldsumme nach Damaskus bringen sollten.

Da wir alle diese Einzelheiten auf einer anderen Seite berufen auf den Widmungsbrief an die Axiomata, brauchen wir nur auf sie zu verweisen, wie sie in dem Werk aufgezeichnet sind, aus dem wir jetzt zitieren. Der Bericht verläuft ziemlich genau so, wie in den Axiomata von John Heydon angegeben. Nachdem dann erklärt wurde, dass die Bruderschaft mit einer Verbindung von nur vier Personen begann, sagt die Fama, dass sie, da sie ihre Arbeit als zu mühsam fanden, beschlossen, noch weitere in ihre Bruderschaft aufzunehmen. Zu diesem Zweck wurden Bruder RC, der Sohn des Bruders seines verstorbenen Vaters, Bruder B., ein geschickter Maler, sowie G. und PD, ihre Sekretäre, ausgewählt, alle Deutsche außer JA, also waren sie insgesamt acht an der Zahl, alle Junggesellen und von unverdorbener Jungfräulichkeit; diese haben ein Buch oder einen Band mit allem zusammengestellt, was der Mensch sich wünschen, erhoffen oder erhoffen kann.

Obwohl wir jetzt freimütig zugeben, dass sich die Welt in hundert Jahren stark verändert hat, sind wir doch sicher, dass unsere Axiomata bis zum Ende der Welt unerschütterlich bleiben werden und dass die Welt in ihrem höchsten und letzten Zeitalter nichts anderes mehr erleben wird; denn unsere Rota beginnt an dem Tag, als Gott Fiat sprach, und wird enden, wenn er Pereat spricht; doch Gottes Uhr schlägt jede Minute, während unsere kaum perfekte Stunden schlägt. Wir glauben auch fest daran, dass unsere Brüder und Väter, wenn sie in diesem gegenwärtigen und klaren Licht gelebt hätten, den Papst, Mohammed, die Schriftgelehrten, Künstler und Sophisten härter behandelt und sich hilfreicher gezeigt hätten, nicht nur mit Seufzen und Wünschen nach ihrem Ende und ihrer Vollendung.

Als nun diese acht Brüder alles so angeordnet und geordnet hatten, dass keine große Arbeit mehr nötig war und auch jeder von ihnen ausreichend unterrichtet war und vollkommen über geheime und offene Philosophie sprechen konnte, wollten sie nicht länger zusammenbleiben, sondern teilten sich, wie sie es am Anfang vereinbart hatten, in mehrere Länder auf, damit nicht nur ihre Axiomata im Geheimen von den Gelehrten gründlicher untersucht werden konnten, sondern auch damit sie selbst, wenn sie in dem einen oder anderen Land etwas beobachteten oder einen Irrtum erkannten, einander darüber informieren konnten.

Ihre Vereinbarung war folgende: 1. Keiner von ihnen sollte sich zu etwas anderem bekennen, als Kranke zu heilen, und das unentgeltlich. 2. Keiner der Nachkommen sollte gezwungen werden, eine bestimmte Art von Ordenstracht zu tragen, sondern darin den Gebräuchen des Landes zu folgen. 3. Jedes Jahr sollten sie sich am Tag C. im Haus S. Spiritus treffen oder den Grund seiner Abwesenheit aufschreiben. 4. Jeder Bruder sollte sich nach einer würdigen Person umsehen, die ihm nach seinem Ableben nachfolgen könnte. 5. Das Wort CR sollte ihr Siegel, Kennzeichen und Charakter sein. 6. Die Bruderschaft sollte hundert Jahre lang geheim bleiben. Sie verpflichteten sich gegenseitig, diese sechs Artikel einzuhalten, und fünf der Brüder gingen fort, nur die Brüder B. und D. blieben ein ganzes Jahr bei dem Vater Fra. R. C.; als diese ebenfalls fortgingen, blieben sein Cousin und Bruder JO bei ihm, so dass er sein Leben lang zwei seiner Brüder bei sich hatte. Und obwohl die Kirche noch nicht gereinigt war, wissen wir doch, dass sie an sie dachten und sehnsüchtig darauf warteten. Jedes Jahr versammelten sie sich voller Freude und fassten einen umfassenden Beschluss über das, was sie getan hatten. Es muss sicherlich eine große Freude gewesen sein, wahrheitsgetreu und ohne Erfindungen all die Wunder zu hören, die Gott hier und da in der Welt geschehen ließ. Jeder kann mit Sicherheit behaupten, dass solche Personen, die von Gott und dem Himmel gesandt und zusammengeführt und aus den weisesten Menschen ausgewählt wurden, die in vielen Zeitaltern gelebt haben, vor allen anderen in höchster Einigkeit, größter Geheimhaltung und größter Freundlichkeit zueinander zusammenlebten.

Auf solch eine höchst lobenswerte Weise verbrachten sie ihr Leben; und obwohl sie frei von aller Krankheit und Schmerz waren, konnten sie nichtsdestotrotz ihre von Gott bestimmte Zeit nicht leben und verbringen. Der erste dieser Bruderschaft, der starb, und zwar in England, war JO, wie Bruder C. ihm lange vorhergesagt hatte; er war ein großer Fachmann und bewandert in der Kabbala, wie sein Buch mit dem Titel H. bezeugt. In England wird viel über ihn gesprochen, und zwar vor allem, weil er einen jungen Earl of Norfolk von der Lepra heilte. Sie waren zu dem Schluss gekommen, dass ihre Grabstätte so weit wie möglich geheim gehalten werden sollte, da wir bis heute nicht wissen, was aus einigen von ihnen geworden ist, doch wurde jeder Platz mit einem geeigneten Nachfolger besetzt; aber dies wollen wir durch diese Geschenke zur Ehre Gottes öffentlich bekennen, dass, welches Geheimnis wir auch immer aus dem Buch M. erfahren haben (obwohl wir vor unseren Augen das Bild und Muster der ganzen Welt erblicken), uns doch weder unser Unglück noch unsere Todesstunde gezeigt wird, die nur Gott selbst kennt, der uns dadurch in ständiger Bereitschaft halten möchte; doch mehr hierzu in unserem Bekenntnis, wo wir 37 Gründe darlegen, aufgrund derer wir jetzt unsere Brüderschaft bekannt machen und solch hohe Mysterien freiwillig und ohne Zwang und Belohnung anbieten; auch versprechen wir mehr Gold, als beide Indien dem König von Spanien einbringen; denn Europa ist schwanger und wird ein starkes Kind gebären, das eines großen Patengeschenks bedürfen wird.

Nach dem Tod von IO ruhte Bruder RC nicht, sondern rief, sobald er konnte, die übrigen zusammen (und wie wir annehmen), wurde dann sein Grab bereitet, obwohl wir (die wir die letzten waren) bis dahin nicht wussten, wann unser geliebter Vater RC starb, und nichts weiter hatten als die bloßen Namen der Anfänger und all ihrer Nachfolger. Dennoch kam uns ein Geheimnis in den Sinn, das Bruder A., der Nachfolger von D. (der einer aus der letzten und zweiten Reihe und Nachfolge war und unter vielen von uns gelebt hatte), uns aus der dritten Reihe und Nachfolge durch dunkle und verborgene Worte und Reden der 100 Jahre mitteilte. Andernfalls müssen wir gestehen, dass nach dem Tod des besagten A. keiner von uns in irgendeiner Weise irgendetwas über Bruder RC und seine ersten Mitbrüder wusste , außer dem, was in unserer Philosophischen Bibliotheca von ihnen vorhanden war, unter der unsere Axiomata als die wichtigste Rota Mundi, als die künstlichste und Protheus als der nützlichste aufbewahrt wurden. Ebenso wissen wir nicht sicher, ob diese aus der zweiten Reihe die gleiche Weisheit besaßen wie die erste und ob sie zu allem zugelassen waren. Dem geneigten Leser wird im Folgenden nicht nur erklärt, was wir über die Beerdigung des RC gehört haben, sondern auch öffentlich bekannt gemacht durch die Voraussicht, Duldung und das Gebot Gottes, dem wir treulich gehorchen, dass wir, wenn wir diskret und christlich geantwortet bekommen, keine Angst haben werden, unsere Vor- und Nachnamen, unsere Versammlungen oder alles andere, was von uns verlangt werden könnte, öffentlich in gedruckter Form bekannt zu geben.

Die wahre und grundlegende Geschichte der Entdeckung des erleuchteten Mannes Gottes, Fra: CR, ist folgende: Nach dem Tod von A. in Gallia Narbonensi trat an seine Stelle unser geliebter Bruder NN. Dieser Mann kam zu uns, um den feierlichen Eid der Treue und Verschwiegenheit zu leisten und teilte uns in *gutem Glauben* mit, dass A. ihn getröstet habe, indem er ihm sagte, dass diese Bruderschaft in Kürze nicht mehr so verborgen bleiben, sondern der gesamten deutschen Nation hilfreich, notwendig und empfehlenswert sein würde; dessen er sich in seinem Stand in keiner Weise schämte. Im folgenden Jahr hatte er seine Schulpflicht erfüllt und wollte nun reisen, da er zu diesem Zweck mit Fortunatus' Börse ausreichend ausgestattet war. Er dachte (da er ein guter Architekt war) daran, etwas an seinem Gebäude zu ändern und es passender zu machen. Bei solchen Erneuerungen stieß er auf die Gedenktafel, die aus Messing gegossen war und alle Namen der Brüder sowie einige andere Dinge enthält. Diese wollte er in eine andere, passendere Gruft überführen, denn wo oder wann Fra: RC starb oder in welchem Land er begraben wurde , wurde von unseren Vorgängern geheim gehalten und ist uns unbekannt. In dieser Tafel steckte ein großer, ziemlich starker Nagel, sodass er, als er mit Gewalt herausgezogen wurde, einen mittelmäßig großen Stein aus der dünnen Wand oder dem Putz der verborgenen Tür mitnahm und so unerwartet die Tür freilegte. Deshalb haben wir mit Freude und Sehnsucht den Rest der Mauer niedergerissen und die Tür freigemacht, auf der in großen Buchstaben „Post 120 annos patebo" und darunter das Jahr des Herrn geschrieben stand. Deshalb haben wir Gott gedankt und es noch in derselben Nacht ruhen lassen, weil wir zunächst unser Rotam übersehen wollten. Wir beziehen uns jedoch noch einmal auf das Bekenntnis, denn was wir hier veröffentlichen, soll denen helfen, die es verdienen, den Unwürdigen jedoch wird es (so Gott will) nur geringen Nutzen bringen, denn so wie unsere Tür nach so vielen Jahren auf wunderbare Weise entdeckt wurde, wird auch eine Tür nach Europa geöffnet werden (wenn die Mauer entfernt ist), die bereits zu erscheinen beginnt und von vielen mit großer Sehnsucht erwartet wird.

Am nächsten Morgen öffneten wir die Tür und sahen ein Gewölbe mit sieben Seiten und Ecken, jede Seite fünf Fuß breit und acht Fuß hoch. Obwohl die Sonne nie in dieses Gewölbe schien, wurde es dennoch von einer anderen Sonne erleuchtet, die dies von der Sonne gelernt hatte und sich im oberen Teil in der Mitte der Decke befand . In der Mitte befand sich anstelle eines Grabsteins ein runder Altar, der mit einer Messingplatte bedeckt war.

Rund um den ersten Kreis oder Rand stand Jesus mihi omnia. Wir knieten alle zusammen nieder und dankten dem einzigen weisen, einzigen mächtigen und einzigen ewigen Gott, der uns mehr gelehrt hat, als aller menschliche Verstand hätte herausfinden können, gepriesen sei sein heiliger Name. Dieses Gewölbe teilten wir in drei Teile, den oberen Teil als Decke, die Wand als Seite, den Boden als Fußboden.

Über den oberen Teil werden Sie zu diesem Zeitpunkt nichts weiter erfahren, außer dass er gemäß den sieben Seiten des Dreiecks unterteilt war, das sich in der hellen Mitte befand. Was jedoch darin enthalten ist, werden Sie, so Gott will (die sich nach unserer Gesellschaft sehnen), mit eigenen Augen sehen. Jede Seite oder Wand ist jedoch in zehn Quadrate unterteilt, jedes mit seinen verschiedenen Figuren und Sätzen, wie sie hier in unserem Buch Concentratum wahrheitsgemäß gezeigt und dargelegt werden.

Der Boden ist wiederum dreieckig geteilt, aber da darin die Macht und Herrschaft der niederen Herrscher beschrieben ist, lassen wir es dabei bewenden, aus Angst vor Missbrauch durch die böse und gottlose Welt. Aber diejenigen, die mit dem himmlischen Gegenmittel ausgestattet und versorgt sind, können ohne Furcht oder Schaden auf den Kopf der alten und bösen Schlange treten und ihn zermalmen, wofür unser Zeitalter gut geeignet ist. Jede Seite oder Wand hatte eine Tür für eine Truhe, in der verschiedene Dinge lagen, insbesondere alle unsere Bücher, die wir sonst hatten, neben dem Vokabular von Theoph. Par. Ho., und diese, die täglich entfälschen, nehmen wir teil. Hierin fanden wir auch sein Itinerarium und Vitam, woher diese Beziehung größtenteils stammt. In einer anderen Truhe befanden sich Spiegel verschiedener Tugenden, wie auch an anderen Stellen kleine Glocken, brennende Lampen und vor allem wunderbare künstliche Lieder; im Allgemeinen alles zu dem Zweck, dass, wenn es nach vielen hundert Jahren passieren sollte, dass der Orden oder die Bruderschaft zunichte werden sollte, sie durch dieses Gewölbe wieder hergestellt werden könnten.

Da wir den Leichnam unseres sorgfältigen und weisen Vaters noch nicht gesehen hatten, stellten wir den Altar beiseite, hoben eine starke Messingplatte hoch und fanden einen schönen und würdigen Körper, ganz und unversehrt.

Was Minutum Mundum betrifft, so fanden wir es in einem anderen kleinen Altar aufbewahrt, der wahrlich schöner ist, als sich ein verständiger Mensch vorstellen kann; wir werden es jedoch unbeschrieben lassen, bis wir eine wahre Antwort auf diese Frage unseres aufrichtigen Famam erhalten; und so haben wir es wieder mit den Platten bedeckt und den Altar darauf gestellt, die Tür verschlossen und mit all unseren Siegeln gesichert; außerdem sind auf Anweisung und Befehl unserer Rota einige Bücher zu sehen, unter denen M. enthalten ist (die vom lobenswerten MP anstelle der Haushaltspflege angefertigt wurden). Schließlich trennten wir uns voneinander und ließen die natürlichen Erben im Besitz unserer Juwelen zurück. Und so erwarten wir die Antwort und das Urteil der Gelehrten oder Ungelehrten.

Wir wissen jedoch, dass es nach einer gewissen Zeit eine allgemeine Reformation geben wird, sowohl in göttlichen als auch in menschlichen Belangen, gemäß unserem Wunsch und der Erwartung anderer. Denn es ist angemessen, dass vor Sonnenaufgang eine Aurora oder eine gewisse Klarheit oder ein göttliches Licht am Himmel erscheint und hervorbricht. In der Zwischenzeit können sich einige wenige, die ihre Namen angeben, zusammenschließen, um dadurch die Zahl und den Respekt unserer Bruderschaft zu erhöhen und einen glücklichen und ersehnten Anfang unserer Philosophischen Kanons zu machen, die uns von unserem Bruder RC vorgeschrieben wurden. Sie können in aller Demut mit uns an unseren Schätzen teilhaben (die niemals versiegen oder verschwendet werden können) und es lieben, von der Arbeit dieser Welt entlastet zu werden und nicht so blind in der Erkenntnis der wunderbaren Werke Gottes zu wandeln.

Damit aber auch jeder Christ weiß, welcher Religion und Glaubensrichtung wir angehören, bekennen wir uns zur Erkenntnis Jesu Christi (wie sie jetzt in diesen letzten Tagen und vor allem in Deutschland ganz klar und rein bekannt ist und heutzutage von allen Abtrünnigen, Ketzern und falschen Propheten gereinigt und frei ist), die in gewissen und angesehenen Ländern aufrechterhalten, verteidigt und verbreitet wird; auch verwenden wir zwei Sakramente, wie sie mit allen Formen und Zeremonien der ersten erneuerten Kirche eingesetzt wurden. In Politia erkennen wir das Römische Reich und Quartam Monarchiam als unser christliches Oberhaupt an; obwohl wir wissen, welche Veränderungen bevorstehen, und diese gerne von ganzem Herzen anderen frommen Gelehrten mitteilen möchten; ungeachtet unserer Handschrift, die in unseren Händen ist, kann kein Mensch (außer Gott allein) sie allgemeingültig machen, noch kann uns eine unwürdige Person sie nehmen. Aber wir werden diese so gute Sache mit heimlicher Hilfe unterstützen, wie Gott es uns erlaubt oder hindert, denn unser Gott ist nicht blind wie die Fortuna der Heiden, sondern ist die Zierde der Kirche und die Ehre des Tempels. Auch unsere Philosophie ist keine neue Erfindung, sondern so, wie Adam sie nach seinem Sündenfall empfangen hat und wie Moses und Salomon sie benutzt haben; auch sollte sie nicht sehr angezweifelt oder durch andere Meinungen oder Bedeutungen widerlegt werden; sondern da sie sieht, dass die Wahrheit friedlich, kurz und in allen Dingen immer gleich ist und besonders mit *Jesus in omni parte* und allen Mitgliedern übereinstimmt. Und wie er das wahre Bild des Vaters ist, so ist sie sein Bild; es soll nicht gesagt werden, dies sei wahr gemäß der Philosophie, sondern wahr gemäß der Theologie: und hier haben Platon, Aristoteles, Pythagoras und andere den Nagel auf den Kopf getroffen, und hier haben Henoch, Abraham, Moses und Salomon brilliert; aber insbesondere hiermit stimmt die Bibel mit diesem wunderbaren Buch überein. All das kommt zusammen und bildet einen Raum oder Globus, dessen gesamte Teile gleich weit vom Mittelpunkt entfernt sind, und hierüber wird ausführlicher und deutlicher in der christlichen Konferenz gesprochen.

Was nun aber (und vor allem in unserem Zeitalter) die gottlose und verfluchte Goldherstellung betrifft, die so sehr die Oberhand gewonnen hat, dass unter dem Deckmantel dieser Herstellung viele Räuber und Schurken große Schurkereien begehen und den ihnen zugesprochenen Kredit betrügen und missbrauchen; ja, heutzutage halten vernünftige Männer die Umwandlung von Metallen für den höchsten Punkt und das *höchste Gut* der

Philosophie; dies ist ihre ganze Absicht und ihr einziger Wunsch, und dass Gott von ihnen am meisten geschätzt und geehrt werden möchte, der große Vorräte an Gold anlegen kann, und zwar in Hülle und Fülle, das sie mit unvorbereiteten Gebeten von dem allwissenden Gott und Erforscher aller Herzen zu erlangen hoffen; deshalb bezeugen wir mit diesen Geschenken öffentlich, dass die wahren Philosophen ganz anderer Meinung sind und die Herstellung von Gold, das nur ein Schmuckstück ist, wenig wertschätzen; denn darüber hinaus haben sie tausend bessere Dinge.

Und wir sagen mit unserem liebevollen Vater *RCC Phy: aurum nisi quantum aurum* , denn ihnen ist die ganze Natur offenbart. Er freut sich nicht darüber, dass er Gold herstellen kann und dass ihm, wie Christus sagt, die Teufel gehorsam sind, sondern er freut sich, dass er die Himmel offen sieht und die Engel Gottes auf- und niedersteigen und seinen Namen im Buch des Lebens geschrieben steht. Wir bezeugen auch, dass unter dem Namen „Chymia" viele Bücher und Bilder in „Contumeliam gloriæ Dei" aufgeführt sind, wie wir sie zu gegebener Zeit benennen und den Reinherzigen einen Katalog oder ein Register davon geben werden; und wir bitten alle Gelehrten, auf diese Art von Büchern zu achten, denn der Feind ruht nie, sondern sät sein Unkraut, bis ein Fremder es ausrottet. So bitten wir, seine Brüder, gemäß dem Willen und der Bedeutung von Fra. CRC erneut alle Gelehrten in Europa, die dieses unser *Famam und Confessionem* (in fünf Sprachen versandt) lesen , dass es ihnen gefallen möge, mit reiflicher Überlegung über dieses unser Angebot nachzudenken, ihre Künste genau und scharfsinnig zu prüfen, die gegenwärtige Zeit mit aller Sorgfalt zu betrachten und ihre Meinung entweder durch *Communicato consilio* oder *singulatum* in gedruckter Form kundzutun.

Und obwohl wir zu diesem Zeitpunkt weder unsere Namen noch unsere Versammlungen erwähnen, wird uns dennoch mit Sicherheit die Meinung eines jeden zu Ohren kommen, in welcher Sprache sie auch sein mag; und es wird niemandem, der seinen Namen angibt, versäumen, mit einigen von uns zu sprechen, sei es mündlich oder, falls vorhanden, schriftlich. Und dies sagen wir wahrhaftig, dass jeder, der uns aufrichtig und von Herzen zugetan ist, davon profitieren wird, sowohl körperlich als auch seelisch; wer aber ein isfalsches Herz hat oder nur nach Reichtum gierig ist, der wird uns in keiner Weise schaden können, sondern sich selbst in völliges Verderben und Zerstörung bringen. Auch unser Gebäude (obwohl hunderttausend Menschen es gesehen und erblickt haben) wird für immer unberührt, unzerstört und vor der bösen Welt verborgen bleiben, sub umbra alarum tuarum Jehova.

Ein Vorwort des Bekenntnisses an den Leser, der nach Weisheit strebt.

Hier, lieber Leser, finden Sie in unserem Bekenntnis siebenunddreißig Gründe für unsere Absicht und unser Anliegen, die Sie nach Belieben heraussuchen und miteinander vergleichen können. Sie können auch selbst erwägen, ob sie gewichtig und ausreichend sind, um Sie dazu zu bewegen und zu überzeugen, unsere Seite zu übernehmen.

Wahrlich, es erfordert keine geringe Mühe, das zu bestätigen, was die Menschen noch nicht gesehen haben, aber wenn es einmal ans Licht kommt, zweifeln wir nicht, sondern sie werden sich dann zu Recht solcher Zweifel und Vermutungen schämen. Und so wie wir jetzt ganz und gar, sicher, frei und ohne jeden Schaden den Papst von Rom Antichrist nennen, was bisher als Todsünde galt und für das Menschen in allen Ländern hingerichtet wurden. So wissen wir sicher, dass auch die Zeit kommen wird, in der wir das, was wir noch geheim halten, offen, frei und mit lauter Stimme vor der ganzen Welt verkünden und bekennen werden; was, lieber Leser, mit uns von ganzem Herzen wünscht, dass es schnell geschieht.

Confessio Fraternitatis oder
das Bekenntnis der lobenswerten Bruderschaft des höchst ehrenwerten
Ordens vom Rosenkreuz, geschrieben an die
Gelehrten Europas.

Was auch immer von der vorgenannten Fama über unsere Bruderschaft veröffentlicht und jedem bekannt gemacht wird, soll niemand geringschätzen oder als unnütze oder erfundene Sache betrachten und noch weniger es annehmen, als wäre es nur eine bloße Einbildung von uns. Es ist der Herr Jehova (der, da der Sabbat des Herrn fast nahe ist, wieder beschleunigt wird, da seine Periode oder sein Lauf bis zu seinem ersten Anfang beendet ist), den Lauf der Natur umkehrt; und was bisher mit großer Mühe und täglicher Arbeit gesucht wurde, wird jetzt denen offenbart, die wenig darauf achten oder kaum einmal darüber nachdenken; aber denen, die es wünschen, wird es in gewisser Weise aufgezwungen und aufgedrängt, damit das Leben der Frommen dadurch von all ihrer Mühe und Arbeit befreit wird und nicht mehr den Stürmen des unbeständigen Schicksals ausgesetzt ist; aber die Bosheit der Gottlosen wird dadurch mit ihrer angemessenen und verdienten Strafe verstärkt und vervielfacht.

Obwohl wir durch keinen Menschen der geringsten Häresie verdächtigt werden können oder irgendwelche bösen Anfänge oder Absichten gegen die weltliche Regierung hegen, verurteilen wir die Gotteslästerer im Osten und Westen (gemeint sind der Papst und Mohammed) gegen unseren Herrn Jesus Christus und bieten dem Oberhaupt des Römischen Reiches mit gutem Willen unsere Gebete, Geheimnisse und großen Goldschätze an.

Dennoch haben wir es im Interesse der Gelehrten für gut und angebracht gehalten, dem noch etwas hinzuzufügen und eine bessere Erklärung abzugeben, wenn in der Fama etwas zu tiefgründig, verborgen oder zu dunkel niedergelegt ist oder aus bestimmten Gründen ganz und gar ausgelassen oder weggelassen wurde. Wir hoffen, dass die Gelehrten uns hierdurch noch mehr zugetan sein und für unsere Zwecke weitaus geeigneter und williger gemacht werden.

Was die Änderung und Verbesserung der Philosophie betrifft, haben wir (soweit gegenwärtig erforderlich) ausreichend dargelegt, nämlich, dass dieselbe insgesamt schwach und fehlerhaft ist. Dennoch zweifeln wir nicht, obwohl die meisten fälschlicherweise behaupten, dass sie (ich weiß nicht wie) gesund und stark sei, und dennoch ihren letzten Atemzug tut und dahinscheidet.

Doch wie gewöhnlich sogar an demselben Ort oder in demselben Land, wo eine neue, ungewohnte Krankheit ausbricht, die Natur auch dort ein Heilmittel dagegen findet, so erscheinen der Philosophie für so mannigfaltige Gebrechen die richtigen Mittel und werden unserem Vaterland in ausreichendem Maße geboten, wodurch es wieder gesund werden kann, das nun erneuert und völlig neu werden soll.

Wir haben keine andere Philosophie als die, die Kopf und Summe, Grundlage und Inhalt aller Fähigkeiten, Wissenschaften und Künste ist, die (wenn wir unser Zeitalter betrachten) viel Theologie und Medizin, aber wenig Weisheit der Juristen enthält und Himmel und Erde eifrig durchsucht, oder, um es kurz zu sagen, die den Menschen hinreichend offenbart und erklärt, worüber alle Gelehrten, die sich uns zu erkennen geben und unserer Bruderschaft beitreten, durch uns mehr wunderbare Geheimnisse erfahren werden, als sie bisher erlangten und kannten oder zu glauben oder auszusprechen imstande sind.

Um deshalb kurz zu erklären, was wir hiermit meinen: Wir sollten sorgfältig darauf hinwirken, dass bei unserem Treffen und unserer Andacht nicht nur Verwunderung aufkommt, sondern dass auch jedermann erkennt, dass wir, obwohl wir solche Mysterien und Geheimnisse hoch schätzen und respektieren, es dennoch für richtig halten, dass das Wissen darüber vielen kundgetan und offenbart wird.

Denn man soll lehren und glauben, dass dieses unser unerwartetes, freiwilliges Angebot viele und unterschiedliche Gedanken bei Menschen hervorrufen wird, denen Miranda sextæ ætatis (noch) unbekannt ist, oder bei jenen, die aufgrund des Laufs der Welt die kommenden Dinge genauso hoch einschätzen wie die Gegenwart und durch allerlei Aufdringlichkeiten ihrer Zeit behindert werden, sodass sie in der Welt nicht anders leben als blinde

Narren, die an klaren, sonnigen Tagen nichts anderes erkennen und wissen können als nur durch Fühlen.

Was nun den ersten Teil betrifft, so vertreten wir die Ansicht, dass die Betrachtungen, das Wissen und die Erfindungen unseres liebevollen christlichen Vaters (von all dem, was die menschliche Weisheit seit Anbeginn der Welt entweder durch Gottes Offenbarung oder durch den Dienst der Engel und Geister oder durch die Schärfe und Tiefe des Verständnisses oder durch lange Beobachtung, Anwendung und Erfahrung herausgefunden, erfunden, hervorgebracht, korrigiert und bis jetzt verbreitet und verpflanzt hat) so ausgezeichnet, wertvoll und großartig sind, dass, wenn alle Bücher zugrunde gehen und mit Gottes Hilfe alle Schriften und alles Wissen verloren gingen, die Nachwelt dennoch nur dadurch in der Lage sein wird, ein neues Fundament zu legen und die Wahrheit wieder ans Licht zu bringen; was vielleicht nicht so schwer zu tun wäre, als wenn man anfangen würde, das alte, verfallene Gebäude niederzureißen und zu zerstören und den Vorhof zu vergrößern, danach die Beleuchtung in die Unterkünfte zu bringen und dann die Türen, Klammern und andere Dinge gemäß unserer Absicht auszutauschen.

Doch für wen wäre dies nicht annehmbar, wenn es jedermann offenbart werden sollte, anstatt es als besonderen Schmuck für die kommende bestimmte Zeit aufzubewahren und aufzubewahren.

Warum sollten wir nicht von ganzem Herzen auf der einzigen Wahrheit ruhen und bei ihr verharren (die die Menschen auf so vielen Irrwegen und krummen Wegen suchen), wenn es Gott gefallen hätte, uns den sechsten Leuchter anzuzünden, und wäre es nicht gut, dass wir uns keine Sorgen machen und Hunger, Armut, Krankheit und Alter nicht fürchten müssten?

Wäre es nicht etwas Kostbares, dass du immer so leben könntest, als hättest du vom Anfang der Welt an gelebt, und darüber hinaus , als würdest du bis zu ihrem Ende leben. Wäre es nicht ausgezeichnet, dass du an einem Ort wohnst, an dem weder die Menschen, die jenseits des Ganges in Indien leben, etwas verbergen könnten, noch diejenigen, die in Peru leben, ihre Pläne vor dir geheim halten könnten.

Wäre es nicht etwas Kostbares, dass Sie so in einem einzigen Buch lesen könnten und dabei durch das Lesen all das verstehen und behalten könnten, was in allen anderen Büchern (die bisher erschienen sind, jetzt erscheinen und künftig erscheinen werden) gelernt und herausgefunden wurde, wird und wird?

Wie schön war es, dass du so singen konntest, dass du statt steinernen Felsen Perlen und Edelsteine anziehen konntest, statt wilder Tiere Geister und statt des höllischen Pluto die mächtigen Fürsten der Welt bewegen konntest.

O ihr Volk, Gottes Ratschluß ist ganz anders, der sich nun entschlossen hat, die Zahl unserer Bruderschaft zu erhöhen und zu vergrößern. Wir haben dies mit solcher Freude unternommen, wie wir bisher diesen großen Schatz ohne unsere Verdienste, ja ohne unsere Hoffnungen und Gedanken erlangt haben, und wir beabsichtigen, ihn mit der gleichen Treue in die Tat umzusetzen, damit weder das Mitleid noch das Mitleid unserer eigenen Kinder (das einige von uns in der Bruderschaft haben) uns davon abbringen, weil wir wissen, daß diese unverhofften Güter weder geerbt noch durch Zufall erlangt werden können.

Sollte es nun jemanden geben, der sich über unsere Verschwiegenheit beschwert, dass wir unsere Schätze so freigiebig und ohne jeden Unterschied allen Menschen anbieten und die frommen, gelehrten, weisen oder fürstlichen Personen nicht mehr achten und respektieren als das einfache Volk, so widersprechen wir dem nicht, da es sich nicht um eine geringfügige und einfache Angelegenheit handelt. Doch ohne sie bedeuten wir so viel, dass unsere Geheimnisse auf keinen Fall allgemein bekannt werden. Obwohl die Fama in fünf Sprachen dargelegt und jedem offenbart wird, wissen wir zum Teil sehr wohl, dass die Ungebildeten und Grobgeister sie weder annehmen noch beachten werden; ebenso wird die Würdigkeit derjenigen, die in unsere Bruderschaft aufgenommen werden, nicht durch menschliche Sorgfalt geschätzt und erkannt, sondern durch die Regeln unserer Offenbarung und Manifestation. Wenn also die Unwürdigen tausendmal schreien und rufen oder wenn sie uns tausendmal ihr Andenken schenken und sich uns präsentieren, so hat Gott doch unseren Ohren befohlen, auf keinen von ihnen zu hören. Ja, Gott hat uns so mit seinen Wolken umgeben, dass uns, seinen Dienern, keine Gewalt oder Gewalt angetan oder ausgeübt werden kann. Deshalb können wir auch von niemandem gesehen oder erkannt werden, wenn er nicht die Augen eines Adlers hätte. Es war notwendig, dass die Fama in jedermanns Muttersprache dargelegt wurde, damit jene nicht um ihre Kenntnis betrogen werden sollten, die Gott (obwohl sie ungebildet sind) nicht vom Glück dieser Bruderschaft ausgeschlossen hat, die in gewissem Maße aufgeteilt und getrennt werden soll; wie jene, die in der Stadt Damcar in Arabien wohnen, die eine ganz andere politische Ordnung haben als die anderen Araber. Denn dort regieren nur weise Männer, die mit der Erlaubnis des Königs besondere Gesetze erlassen; nach diesem Beispiel soll auch die Regierung in Europa eingesetzt werden (wovon wir eine Beschreibung haben, die unser christlicher Vater niedergelegt hat), wenn zuerst das Vorangehende getan und geschehen wird. Und von da an wird unsere Posaune öffentlich mit lautem Ton und großem Lärm erklingen, wenn nämlich dasselbe (was im Augenblick von wenigen gezeigt und heimlich als etwas Kommendes in Zahlen und Bildern erklärt wird) frei und öffentlich verkündet und die ganze Welt mit allem erfüllt sein wird. Schon in der Vergangenheit haben viele fromme Leute insgeheim und mit aller Verzweiflung gegen die Tyrannei des Papstes gekämpft, der später mit großem Ernst und besonderem Eifer in Deutschland von seinem Thron gestürzt und mit Füßen getreten wurde. Sein endgültiger Sturz wird hinausgezögert und für unsere Zeit aufgeschoben, wenn auch er mit Nägeln in Stücke geritzt wird und seinem Eselsgeschrei durch eine neue Stimme ein Ende bereitet wird. Wir wissen, dass dies bereits vielen Gelehrten in Deutschland ziemlich deutlich bekannt ist, wie ihre Schriften und geheimen Glückwünsche zur Genüge bezeugen.

Wir könnten hier erzählen und erklären, was die ganze Zeit über geschehen ist, seit dem Jahr unseres Herrn 1378 (in dem unser christlicher Vater geboren wurde) bis heute. Wir könnten rezitieren, welche Veränderungen er in den 106 Jahren seines Lebens in der Welt gesehen hat und was er unseren Brüdern und uns nach seinem Ableben zur Durchsicht hinterlassen hat. Aber die Kürze, die wir wahren, erlaubt es uns nicht, jetzt darauf zurückzukommen und es zu einem passenderen Zeitpunkt zu wiederholen. Für jetzt genügt es für diejenigen, die unsere Erklärung nicht verachten, sie nur kurz anzusprechen und so den Weg für ihre Bekanntschaft und Freundschaft mit uns zu ebnen.

Ja, wem es gestattet ist, und zu seiner Unterweisung jene großen Buchstaben und Zeichen verwenden, die Gott der Herr geschrieben und in das Gebäude von Himmel und Erde eingeprägt hat, durch den Wechsel der Regierung, die von Zeit zu Zeit geändert und erneuert wurde; dieselben gehören bereits (obwohl er es noch nicht weiß) uns: und da wir wissen, dass er unsere Einladung und Berufung nicht verachten wird, soll auch niemand Betrug fürchten, denn wir versprechen und sagen offen, dass die Aufrichtigkeit und Hoffnungen niemandes ihn täuschen werden, der sich uns unter dem Siegel der Geheimhaltung zu erkennen gibt und unsere Brüderschaft begehrt.

Doch den falschen Heuchlern und jenen, die nach anderen Dingen als nach Weisheit streben, sagen wir und bezeugen durch diese Geschenke öffentlich, dass wir nicht bekannt gemacht und ihnen gegenüber verraten werden können, und noch viel weniger werden sie in der Lage sein, uns ohne den Willen Gottes in irgendeiner Weise zu schaden. Vielmehr werden sie gewiss an allen Strafen teilhaben, von denen in unserer Fama die Rede ist. So werden ihre bösen Pläne auf sie selbst fallen und unsere Schätze werden unberührt bleiben, bis der Löwe kommt, der sie zu seinem Gebrauch in Anspruch nehmen und sie zur Bestätigung und Errichtung seines Königreichs einsetzen wird. Wir sollten daher hier gut beachten und es jedem bekannt machen, dass Gott gewiss und mit Sicherheit beschlossen hat, der Welt vor ihrem Ende, das unmittelbar darauf erfolgen wird, solch eine Wahrheit, solch ein Licht, solch ein Leben und solch eine Herrlichkeit zu senden und zu gewähren, wie sie der erste Adam hatte und die er im Paradies verlor, wonach seine Nachfolger ins Elend versetzt und mit ihm getrieben wurden, weshalb alle Knechtschaft, Falschheit, Lüge und Dunkelheit ein Ende haben wird, die nach und nach mit der großen Weltrevolution in alle Künste, Werke und Regierungen der Menschen eingedrungen ist und die meisten von ihnen verdunkelt hat. Denn von dort stammen unzählige Arten von falschen Meinungen und Häresien, so dass selbst der Weiseste kaum wusste, wessen Lehre und Meinung er folgen und annehmen sollte, und sie konnten nicht gut und leicht erkannt werden, da sie einerseits durch den Respekt der Philosophen und Gelehrten aufgehalten, behindert und in Irrtümer geführt wurden, andererseits durch wahre Erfahrung. Wenn all dies einmal abgeschafft und entfernt und stattdessen eine richtige und wahre Regel eingeführt wird, dann bleibt der Dank denen, die sich darum bemüht haben, aber das Werk selbst wird der Seligkeit unseres Zeitalters zugeschrieben.

Da wir nun bereitwillig bekennen, dass viele bedeutende Männer durch ihre Schriften diese kommende Reformation erheblich voranbringen werden, möchten wir diese Ehre nicht zugeschrieben bekommen, als ob uns diese Arbeit nur befohlen und auferlegt worden wäre; sondern wir bekennen und bezeugen offen mit dem Herrn Jesus Christus, dass es zuerst geschehen wird, dass die Steine auftauchen und ihren Dienst leisten, bevor es an Vollstreckern und Vollstreckern des Ratschlusses Gottes mangelt: ja, der Herrgott hat bereits bestimmte Boten vorausgeschickt, die seinen Willen bezeugen sollen, nämlich einige neue Sterne, die am Firmament in Schlange und Schwan erscheinen und gesehen werden, die jedem anzeigen und bekannt machen, dass sie mächtige Zeichen großer, gewaltiger Dinge sind. Die geheimen, verborgenen Schriften und Zeichen sind also für alle derartigen Dinge, die von Menschen herausgefunden werden, äußerst notwendig, obwohl dieses große Buch der Natur allen Menschen offen steht, gibt es doch nur wenige, die es lesen und verstehen können. Denn wie dem Menschen zwei Instrumente zum Hören gegeben sind, ebenso zwei zum Sehen und zwei zum Riechen, aber nur eines zum Sprechen, und es vergeblich wäre, von den Ohren Sprache oder von den Augen Gehör zu erwarten: so hat es Zeitalter oder Zeiten gegeben, die gesehen haben, es hat auch Zeitalter gegeben, die gehört, gerochen und geschmeckt haben: Jetzt bleibt das, was in Kürze ebenfalls der Zunge Ehre zuteil werden wird, und durch dieselbe wird das, was vor Zeiten gesehen, gehört und gerochen wurde, nun endlich gesprochen und ausgesprochen werden, nämlich wenn die Welt aus ihrem schweren und schläfrigen Schlaf erwacht und mit offenem Herzen, barhaupt und barfuß, fröhlich und freudig der jetzt aufgehenden Sonne entgegengeht.

Diese Zeichen und Buchstaben, wie Gott sie hier und da in die Heilige Schrift und die Bibel eingearbeitet hat, so hat er sie auch ganz offensichtlich in die wunderbare Schöpfung des Himmels und der Erde, ja, in alle Tiere eingeprägt. So wie der Mathematiker oder Astronom die kommenden Finsternisse lange im Voraus sehen und kennen kann, so können wir die

Dunkelheit der Verdunkelungen der Kirche und wie lange sie dauern werden, wahrlich vorhersehen und voraussehen, von denen wir unsere magische Schrift entlehnt und eine neue Sprache für uns selbst gefunden und geschaffen haben, in der zugleich die Natur aller Dinge ausgedrückt und erklärt wird, so dass es kein Wunder ist, dass wir in anderen Sprachen nicht so wortgewandt sind, von denen wir wissen, dass sie völlig anders sind als die Sprachen unserer Vorfahren Adam und Henoch und durch die babylonische Verwirrung völlig verborgen waren.

Aber wir müssen euch auch wissen lassen, dass uns noch einige Adlerfedern im Weg stehen, die unser Vorhaben behindern. Deshalb ermahnen wir jeden, die Heilige Bibel fleißig und beständig zu lesen; denn wer all sein Vergnügen daran findet, der soll wissen, dass er sich einen ausgezeichneten Weg bereitet hat, in unsere Bruderschaft zu kommen; denn dies ist die ganze Summe und der Inhalt unserer Regel, dass jeder Buchstabe oder jedes Zeichen, das es auf der Welt gibt, gelernt und hochgeschätzt werden soll; so sind diejenigen wie wir und stehen uns sehr nahe, die die Heilige Bibel zu einer Regel ihres Lebens und zum Ziel und Zweck all ihrer Studien machen; ja, sie zu einem Kompendium und Inhalt der ganzen Welt machen und sie nicht nur ständig im Mund führen, sondern auch wissen, wie man das wahre Verständnis davon auf alle Zeiten und Zeitalter der Welt anwendet und ausrichtet. Es ist auch nicht unsere Gewohnheit, die Heiligen Schriften zu prostituieren und so allgemein zu machen, denn es gibt unzählige Ausleger derselben , von denen einige behaupten und sie verdrehen, um ihre Meinung zu vertreten, andere, um sie zu skandalisieren, und sie auf die bösartigste Weise mit einer Wachsnase vergleichen, die gleichermaßen den Geistlichen, Philosophen, Ärzten und Mathematikern dienen sollte, während wir alle offen bezeugen und anerkennen, dass den Menschen seit Anbeginn der Welt kein würdigeres, vorzüglicheres, bewundernswerteres und heilsameres Buch gegeben wurde als die Heilige Bibel. Gesegnet ist, wer sie besitzt, ja, gesegneter ist, wer sie fleißig liest, aber am gesegnetsten von allen ist, wer sie wirklich versteht, denn er ist Gott am ähnlichsten und kommt Ihm am nächsten. Was auch immer in der Fama über die Betrüger gegen die Transmutation von Metallen und die beste Medizin der Welt gesagt wurde, ist so zu verstehen, dass wir dieses so große Geschenk Gottes in keiner Weise geringschätzen oder verachten. Aber weil sie nicht immer das Wissen der Natur mit sich bringt, sondern dieses nicht nur Medizin hervorbringt, sondern uns auch unzählige Geheimnisse und Wunder offenbart und eröffnet, ist es erforderlich, dass wir uns ernsthaft bemühen, das Verständnis und die Kenntnis der Philosophie zu erlangen. Und außerdem sollten hervorragende Geistesmenschen nicht zur Tinktur der Metalle hingezogen werden, bevor sie gut im Wissen der Natur geübt sind. Er muss notwendigerweise ein unersättliches Geschöpf sein, das so weit gekommen ist, dass ihm weder Armut noch Krankheit schaden können; ja, der über andere Menschen erhaben ist und über das herrscht, was anderen Kummer, Sorgen und Schmerzen bereitet, sich jedoch dennoch wieder müßigen Dingen widmet, wie Häuser bauen, Kriege führen und allerlei Stolz an den Tag legen, weil er über einen unendlichen Vorrat an Gold und Silber verfügt.

Gott gefällt das ganz anders, denn er erhöht die Niedrigen und erniedrigt die Stolzen mit Verachtung; zu denen, die nicht viele Worte machen, sendet er seine heiligen Engel, um mit ihnen zu sprechen, aber die unreinen Schwätzer treibt er in die Wildnis und an einsame Orte. Dies ist die gerechte Belohnung für die römischen Verführer, die ihre Gotteslästerungen gegen Christus ausgespuckt haben und sich in diesem klaren, strahlenden Licht noch immer nicht von ihren Lügen abhalten: In Deutschland wurden alle ihre Abscheulichkeiten und abscheulichen Tricks enthüllt, damit er dadurch das Maß der Sünde völlig erfüllen und sich dem Ende seiner Strafe nähern kann. Deshalb wird es eines Tages geschehen, dass das Maul dieser Vipern verstopft wird und die drei Doppelhörner zunichte gemacht werden, wie wir bei unserem Treffen deutlicher und ausführlicher besprechen werden.

Zum Abschluss unseres Bekenntnisses müssen wir euch ernsthaft ermahnen, wenn nicht alle, so doch die meisten Bücher von falschen Alchimisten beiseite zu legen, die es für bloßen Scherz oder Zeitvertreib halten, wenn sie entweder die heilige Dreifaltigkeit missbrauchen, wenn sie sie auf eitle Dinge anwenden oder die Menschen mit den seltsamsten Figuren und dunklen Sätzen und Reden täuschen und die Einfachsten um ihr Geld betrügen. Heutzutage werden zu viele solcher Bücher veröffentlicht, die der Feind des menschlichen Wohlergehens täglich und bis zum Ende unter die guten Leute mischt , um es dadurch schwerer zu machen, die Wahrheit zu glauben, die an sich einfach, leicht und nackt ist. Aber sicherlich ist die Falschheit stolz, hochmütig und mit einer Art Glanz scheinbarer Göttlichkeit und menschlicher Weisheit gefärbt. Ihr Weisen, meidet solche Bücher und wendet euch uns zu, die nicht euer Geld suchen, sondern euch unsere großen Schätze bereitwillig anbieten. Wir jagen euren Gütern nicht mit erfundenen, lügnerischen Tinkturen nach, sondern möchten euch an unseren Gütern teilhaben lassen: wir sprechen in Gleichnissen zu euch, würden euch aber gern zur richtigen, einfachen, leichten und offenen Darlegung, zum Verständnis, zur Erklärung und Kenntnis aller Geheimnisse führen . Wir möchten nicht von euch empfangen werden, sondern youin unsere mehr als königlichen Häuser und Paläste einladen, und das wahrlich nicht aus eigenem Antrieb, sondern (damit ihr es auch wisst) dazu gezwungen, durch die Veranlassung des Geistes Gottes, durch seine Ermahnung und durch den Anlass der gegenwärtigen Zeit.

Was denkt ihr, ihr liebenden Menschen, und wie scheint es euch zu beeinflussen, da ihr nun versteht und wisst, dass wir uns wahrhaftig und aufrichtig zu Christus bekennen, den Papst verurteilen, uns der wahren

Philosophie verschreiben, ein christliches Leben führen und täglich viele andere zu unserer Bruderschaft rufen, anflehen und einladen, denen das gleiche Licht Gottes ebenfalls erscheint. Überlegt ihr nicht lange, wie ihr mit uns anfangen könntet, nicht nur durch Nachdenken über die Gaben, die in euch sind, und durch die Erfahrung, die ihr im Wort Gottes habt, neben der sorgfältigen Betrachtung der Unvollkommenheit aller Künste und vieler anderer unpassender Dinge, um darin nach einer Verbesserung zu suchen; um Gott zu besänftigen und euch für die Zeit, in der ihr lebt, entgegenzukommen. Wenn Sie dasselbe tun, wird sich daraus sicherlich der Nutzen ergeben, dass Ihnen alle Güter, die die Natur auf wunderbare Weise in allen Teilen der Welt verteilt hat, auf einmal vollständig zuteil werden und Sie leicht von all dem befreien, was das Verständnis des Menschen trübt und dessen Arbeiten behindert, wie etwa die eitlen Epizide und exzentrischen astronomischen Kreise.

Doch jene pragmatischen und geschäftigen Menschen, die entweder vom Glanz des Goldes geblendet sind oder (um es genauer zu sagen) die zwar jetzt ehrlich sind, aber glauben, solch große Reichtümer würden niemals versiegen, könnten leicht korrumpiert und zur Faulheit und einem ausschweifenden, hochmütigen Leben verleitet werden. Von ihnen wünschen wir, dass sie uns nicht mit ihrem müßigen und eitlen Geschrei belästigen. Sie sollten jedoch bedenken, dass es zwar eine Medizin gibt, mit der alle Krankheiten vollständig geheilt werden können, neverthelessdass aber diejenigen, die Gott dazu bestimmt hat, mit Krankheiten zu plagen und sie unter der Rute der Zucht zu halten, niemals eine solche Medizin erhalten werden.

Auch wenn wir auf diese Weise die ganze Welt bereichern, ihr Wissen vermitteln und sie von unzähligem Elend befreien könnten, werden wir uns dennoch niemals ohne Gottes besonderes Wohlwollen irgendeinem Menschen offenbaren und bekannt machen. Ja, es wird demjenigen so fern sein, der glaubt, ohne und gegen den Willen Gottes Nutzen aus unseren Reichtümern und unserem Wissen zu ziehen und daran teilzuhaben , dass er eher sein Leben bei der Suche nach uns verlieren wird, als uns zu finden und das ersehnte Glück der Bruderschaft des Rosenkreuzes zu erlangen.

KAPITEL V.

John Heydon und die Rosenkreuzer.

DA wir häufig die Werke dieses „außergewöhnlichen Royalisten, Mystikers und Geomanten" John Heydon erwähnen müssen, der so viel über die Mysterien von Rosie Crucian schrieb und die Lobpreisungen der Jünger so lautstark sang, ist es ratsam, eine Skizze seines Lebens vorzulegen, wie sie ein gewisser Frederick Talbot in den Jahren 1662 und 1663 angefertigt und „Elhavareuna" oder dem „Lehrer des englischen Arztes" beigefügt hat. Er sagt, John Heydon sei nicht von niederer, sondern edler Abstammung. Die Altertumsforscher leiten sie (seine Eltern) von Julius Heydon ab, dem König von Ungarn und Westfalen, der aus der edlen Familie von Cäsar Heydon in Rom stammte; und da die Linie in dieser königlichen Familie bis zum ehrenwerten Sir Christopher Heydon und Sir William Heydon, seinem Bruder von Heydon, aus der Nähe von Norwich, reicht, der in Devonshire einheiratete. Hier blühte die Familie auf verschiedene Weise auf, bis zu Sir John Heydon, dem verstorbenen Lord Lieutenant des King's Tower of London. Und dieser Sir William Heydon hatte einen Sohn, der ebenfalls William getauft wurde, und zwei Söhne, William und Francis, beide geboren in Devon, in Poltimore House; Francis heiratete einen der Noble Chandlers in Worcestershire mütterlicherseits, und diese Linie verbreitete sich durch Heirat in Devonshire unter den Collins, Ducks, Drues und Bears. Er hatte eine Schwester namens Anne Heydon, die vor zwei Jahren starb, sein Vater und seine Mutter lebten noch. Er wurde im Haus seines Vaters in Green-Arbour, London, geboren (sein Vater hatte 1.500 Pfund für diese Häuser gespendet) und wurde in St. Sepulchre getauft, ebenso wie seine Schwester, und zwar beide im fünften und siebten Jahr der Herrschaft von König Karl dem Ersten. Er wurde in Warwickshire im Kreis der Freunde seiner Mutter erzogen, und sie achteten so sehr darauf, ihn und seine Schwester vor Gefahren zu schützen und sie an ihre Bücher zu binden, dass er ständig jemanden hatte, der ihn sowohl in der Schule als auch zu Hause bediente, und das Gleiche galt für seine Schwester.

Er wurde von Mr. John Dennis, seinem Lehrer in Tardebick, Mr. George Linacre, dem Priester von Coughton, empfohlen, wo er Latein und Griechisch lernte. Zu dieser Zeit begann der Krieg die Universitäten dieses Landes zu gefährden und er wurde mit 80 Pfund in die Lehre bei Mr. Mic. Petley, einem Anwalt von Clifford Inne, gegeben mit der Begründung, dass er nach fünf Jahren als Anwalt vereidigt werden sollte. Schon in sehr jungem Alter widmete er sich dem Lernen und erlangte durch seinen fröhlichen Witz große Kenntnisse in allen Künsten und Wissenschaften. Später folgte er auch den Armeen des Königs und übernahm aufgrund seiner Tapferkeit das Kommando über die Truppen. Als er auf diese Weise für sein Wissen und seine Waffen berühmt wurde, bereiste er Spanien, Italien, Arabien, Ägypten und Persien usw. und widmete sich dem Schreiben und verfasste vor etwa siebzehn Jahren „Der Tempel der Weisheit in drei Büchern", „Der Heilige Führer" in sechs Büchern, „Elhavareuna" in einem Buch, „Ocia Imperialia" in einem Buch, „Die Idee des Gesetzes", „Die Idee der Regierung", „Die Idee der Tyrannei" in drei Teilen, „Die Grundelemente der Moralphilosophie", „ Politik, Regierung und Krieg" usw.

Diese Bücher wurden vor fast siebzehn Jahren geschrieben und durch die gütige Hand Gottes in der Obhut von Mr. Thomas Heydon, Sir John Hanner, Sir Ralph Freman und Sir Richard Temple bewahrt; während der Zeit des Tyrannen besaß zuerst einer die Bücher, dann ein anderer usw. Und schließlich wurden sie auf Wunsch dieser edlen, gelehrten und tapferen Ritter und zu Ehren seiner Hoheit, des Herzogs von Buckingham, gedruckt.

Er schrieb viele hervorragende Dinge und führte viele seltene Experimente in den Künsten der Astromantie und Geomantie usw. durch, insbesondere aber einundachtzig, das erste über den Tod des Königs, den er seinen Freunden in Arabien vorhersagte, das zweite über die Verluste des Königs in Worcester, die in Thauris in Persien vorhergesagt wurden. Drittens sagte er vielen in seinen Büchern erwähnten Ehrenpersonen den Tod von Oliver Cromwell in Lambeth House voraus. Viertens schrieb er über den Sturz Lamberts und des Herzogs von Albymarle, seine Rückkehr des Königs in seine glücklichen Länder und gab es Major Christopher Berkenhead, einem Goldschmied am Anchor am Ende der Fetter Lane in Holborn; die fünfte Vorsichtsmaßnahme oder Vorhersage gab er seiner Hoheit dem Herzog von Buckingham, zwei Monate bevor das Übel verübt wurde, und sein Feind Abraham Goodman liegt jetzt im Tower, weil er versucht hatte, den edlen Prinzen zu töten. Der sechste Bericht geht an Graf Gramont, als dieser vom König von Frankreich nach England verbannt wurde und er mithilfe der Künste der Astromantie und Geomantie vorhersagte, dass der König wieder in die Gunst des Königs aufgenommen würde und dass er Lady Hamilton heiraten würde. Der siebte Bericht geht an Herzog Minulaus, einen Pair von Deutschland, den der Kaiser zu ihm sandte, als die Türken eine Armee gegen ihn hatten, und an den Tod des Papstes. Der Rest steht in seinen Büchern und durch diese Denkmäler wurde der Name Heydons aufgrund seiner vielfältigen Gelehrsamkeit nicht nur in England berühmt, sondern auch in vielen anderen Ländern, in die seine Bücher übersetzt wurden.

Dieser John Heydon fürchtet niemanden, verachtet niemanden, kennt niemanden, freut sich über niemanden, trauert über niemanden, lacht über niemanden, ist auf niemanden zornig. Aber da er selbst ein Philosoph ist, hat er den Weg zum Glück gelehrt, den Weg zu einem langen Leben, den Weg zur Gesundheit, den Weg, alt zu werden und jung zu werden, und den Weg, alle möglichen gegenwärtigen und zukünftigen Fragen nach den Regeln der

Astromantie und Geomantie zu lösen, und wie man die Toten auferstehen lässt.

Es gibt viele John Heydons, darunter einen John Heydon, den Geistlichen und Priester Jesu Christi, einen Philosophen und Anwalt, der als Diener Gottes und Sekretär der Natur bezeichnet wird. Nicht nur die Prinzen und Pairs aus England, sondern auch aus Spanien, Italien, Frankreich und Deutschland schicken täglich Briefe an ihn, und bei jeder Gelegenheit beweist er starke Kräfte und einen kräftigen Verstand. Seine Wünsche und Ziele und das, worauf er hinweist, zeugen von einem edlen und großzügigen Herzen. die ausgezeichneten Bücher dieses Herrn werden in der Welt der Gelehrten bewundert, da die Wunderwerke dieser letzten Zeit (tatsächlich seine zuvor erwähnten Werke, wenn ich überhaupt etwas beurteilen kann) voller tiefgründiger Gelehrsamkeit sind, die ich jemals gesehen habe. Und ich glaube, wer sie gründlich gelesen und verarbeitet hat, wird sich selbst davon überzeugen, dass es keine Wahrheit gibt, die zu abstrus oder bisher unerreichbar gewesen wäre. Und wer mein Urteil anzweifeln sollte, kann die Empfehlungen der Universitäten Oxford und Cambridge lesen sowie die der gelehrten Thomas White und Thomas Revell, Esq., die beide in Rom und anderswo jenseits des Meeres berühmt sind und diesen Herrn in ihren Büchern hoch gewürdigt haben. Dennoch hat er viel Unglück erlitten. Sein Vater wurde von Cromwell isoliert und eingesperrt und verlor zweitausend Pfund. Dieser Oliver ließ auch seinen Sohn ungefähr zweieinhalb Jahre in Lambeth House einsperren, denn er und seines Vaters Familie waren immer für den König und bemühten sich nach Kräften um seine Wiedereinsetzung. und tatsächlich war der Tyrann grausam zu ihm, aber John Thurloe, sein Sekretär, war freundlich zu ihm und hatte Mitleid mit seiner neugierigen Jugend. Und der Bote behielt ihn (auf seine Bitte hin) in seinem eigenen Haus und gab ihm die Erlaubnis, ins Ausland zu gehen, aber da er eifrig und aktiv für den König war, wurde er wieder gefangen genommen und in Lambeth House eingesperrt; bei diesen Unglücksfällen kostete es ihn 1.000 Pfund und mehr; danach erfanden einige neidische Schurken Schuldscheine gegen ihn und warfen ihn ins Gefängnis. Es scheint, dass zu Beginn dieser Unglücksfälle eine gewisse Dirne ihn dazu bringen wollte, sie zu heiraten, aber sie lehnte ihren Antrag ab, denn er hatte bis dahin in seinem Leben nie Gutes oder Böses mit ihr gesprochen; sie plante nun mit ihren Verbündeten jede Menge Unheil gegen ihn. Und viele machten ihm den Hof, ihn zu heiraten, aber er lehnte ab. Nun blieb (neben ein paar alten Almanachen und Bruchstücken des Witzes anderer Männer) noch etwas übrig, das Nic gesammelt und der Welt vermachte. Culpe (aus eigener bewunderter Erfahrung) die alte Alice Culpeper, seine Witwe. Als sie von diesem Herrn erfährt (dass er nach dem Tod seines Vaters und nach dem Tod seines Onkels Erbe eines großen Vermögens war, das ihm 1.000 Pfund pro Jahr einbringt, aber ob dieser Onkel väterlicher- oder mütterlicherseits ist, weiß ich nicht, aber das Vermögen gehört ihm mit Sicherheit bei ihrem Tod), macht sie ihm mit Liebesbriefen den Hof, ohne Erfolg; die nächste Heilige in der Reihe war die, die sich die deutsche Prinzessin nennt. Aber er fliegt hoch und verachtet solche vogelgroßen Bestien. Der erste dieser beiden gesegneten Vögel veranlasste zu ihren Lebzeiten einen gewissen Heath, ihn zu verhaften, und einen anderen, der ihm etwas vorwarf, von dem er nie etwas wusste oder hörte. In dieser Verlegenheit wurde er zwei Jahre lang eingesperrt, denn sie wollten nichts anderes, als Geld zu bekommen oder ihn zu vernichten, aus Angst, er könnte sie bestrafen, wenn er jemals seine Freiheit bekäme. Er, der von edler Natur war, vergab ihnen all ihre Bosheit und ihre Pläne gegen ihn und verachtet es, sich für solche erbärmlichen Dinge zu rächen. Gott hat ihm tatsächlich Gerechtigkeit widerfahren lassen, denn dieser Heath verzehrt sich schlimmer als nichts, und tatsächlich, wenn ich etwas beurteilen oder vorhersagen kann, werden seine Bordelle verpfändet und er wird als elender, kranker Bettler sterben. Seine Geliebte, als er noch sehr jung und Angestellter war, wollte, dass er bei ihr schlief, aber er lehnte ab, genau wie Joseph, sie hasste ihn ihr ganzes Leben lang. Gott behütete ihn vor ihrer Bosheit, obwohl eine dieser drei lüsternen Frauen schwor, dieser Herr praktiziere die Kunst der Magie; sie erzählte Oliver Cromwell, sie habe Geister in Gestalt von Kaninchen kommen und gehen sehen, und ihre Zofe schwor, sie habe sie oft in seinen Gemächern gesehen, wenn er im Ausland war, und manchmal seien sie in mondscheinbedeckten Nächten auf dem Dach herumgelaufen und manchmal in einer Wand oder einem Windloch verschwunden, aber als sie gefragt wurde, konnte sie nicht sagen, was für ein Mann er war. Diese Geschichten wurden also nicht geglaubt, und trotz all dieser und vieler weiterer Leiden und falscher Anschuldigungen habe ich ihn nie wütend gesehen, noch hat er in seinem ganzen Leben jemals einen Mann oder eine Frau verhaftet oder eingesperrt.

Er wurde erst vor kurzem fälschlicherweise beschuldigt, ein aufrührerisches Buch geschrieben zu haben, und in die Obhut eines Boten gesteckt, doch sein edler Freund, der Herzog von Buckingham, befand ihn für unschuldig und hielt ihn stets für den König, woraufhin er freigelassen wurde. Dieser ruhmreiche Herzog ist tatsächlich ein sehr guter, gerechter und edler Richter, denn er vergab Abraham Godman, der mit gezücktem Schwert kam, um ihn zu töten. Der Herzog nimmt mit Teller und Serviette (denn er war beim Abendessen) sein Schwert weg und sagt: „Ich kann dich töten, aber ich verachte es." Und kurz darauf begnadigte er ihn. Und er ist so barmherzig, dass er, nachdem er die Quäker in Yorkshire gefangen genommen hatte, so viele kluge und überzeugende Argumente vorbrachte, dass sie sich dem König unterwarfen; worüber der Herzog froh war und ihnen allen das Leben rettete; er sucht nach einem Weg, um seinem König und seinem Land Frieden, Wohlstand und Wohlstand zu bescheren. Es ist schade, dass der König nicht mehr viele so tapfere Männer wie ihn hat, tausend so weise

Herzöge wie dieser (wie ein Marschdonner, unterstützt von Feuerflammen) würden alle Feinde des Königs und der Christenheit erzittern lassen und die Türken in aller Unterwerfung vor solch großen Generälen fliehen lassen; wir beten demütig für diesen großen Prinzen, überlassen ihn seinem Belieben und kehren zu unserem Thema zurück.

John Heydon ist nicht von so eitler und anmaßender Natur wie die Taylors, die alle Künstler verachteten, sogar Appolonius, More, Vaughan und Smith usw. Und doch können sie diese und viele andere gelehrte Autoren nicht lesen, sie missbrauchen sie so unverschämt, rauben ihnen ihr Wissen und missbrauchen die Fähigkeiten anderer Menschen zu ihrem eigenen Vorteil. Er lieh einem zehn Pfund Gold, er spricht als Vergeltung oder Gegenleistung schlecht über ihn und gibt vor, viele bewundernswerte Regeln der Geomantie zu kennen, und fügt sie unverschämt den Geburtshoroskopen hinzu und wendet sie auf alle möglichen Fragen der Astromantie an, aber da seine Bücher vor so langer Zeit geschrieben wurden, nämlich vor siebzehn Jahren, wurde ihre Gier nach großen Themen entdeckt, und wir wissen jetzt, dass sie weder Gelehrte noch Gentlemen sind, diese hängen Schlagzeilen auf – hier werden Geburtshoroskope berechnet, Fragen gelöst und alle Teile der Astrologie von uns gelehrt … Für drei, vier oder sechs Pence oder mehr, wenn Sie so wollen – so werden junge Lehrlinge, alte Frauen und Dirnen missbraucht, und damit man sie für Geld findet, sagen Sie uns, dass die zwölf Häuser des Himmels im Zeichen eines Wappens zu vermieten sind, wenn sie tatsächlich Scheine auf ihre ehernen Stirnen drücken könnten, mit der Inschrift: Hier sind Zimmer unmöbliert zu vermieten, aber unser Autor achtet nicht auf diese Männer; er beleidigt und verhöhnt alle ihre Skandale, Fälschungen und schurkischen Pläne, die sie gegen ihn aushecken, und hat Spittle Fields und seine Unterkunft dort absichtlich verlassen, um ein privates Leben zu führen, frei von den Menschenmassen, die ihm täglich folgten, aber wenn jemand beraten werden möchte, soll er seine Geschäfte per Brief bei seinen Buchhändlern lassen, und er wird Antwort und Rat ohne Belohnung erhalten, denn er ist weder neidisch noch ein Feind irgendjemandes; was ich schreibe, beruht auf meinem eigenen Wissen.

Er schreibt jetzt aus Hermenpolis, einem Ort, an dem ich nie war; es scheint dem Wort nach die Stadt des Merkur zu sein, und er war tatsächlich an vielen seltsamen Orten, unter den Rosenkreuzern und in ihren Burgen, heiligen Häusern, Tempeln, Grabstätten und Opferstätten. Dieser Herr hat viel unter seinem eigenen diskreten Schweigen und seiner Einsamkeit gelitten. Jeder Krippenhändler verurteilt die Rosenkreuzer, weil sie der Welt nicht erscheinen, und kommt zu dem Schluss, dass es keine solche Gesellschaft gibt, weil er kein Mitglied davon ist, und Mr. Heydon wird nicht auf die Bühne kommen (seine Feinde mögen schreiben oder sprechen, was sie wollen), wenn ein Narr schreit, und er achtet auch nicht auf jeden Hund, der ihn anbellt. Die ganze Welt weiß, dass dieser Herr ehrenhafte und ehrliche Dinge studiert und sie anderen gewissenhaft mitteilt, doch wer ihn später verleumdet, darf nicht erwarten, dass er gerechtfertigt wird. Er hat seinen Streit dem Gott der Natur vorgelegt, er ist mit den Belangen seiner Wahrheiten verbunden und er ist mit dem Frieden eines guten Gewissens zufrieden. In seinen Schriften wurde er durch gezielte Verleumdungen missverstanden. Sie verunglimpfen eine Person, die sie nie gesehen haben und vielleicht auch nicht sehen werden. Er ist entschlossen, in Zukunft zu leiden, denn er sagt, Gott verurteilt keinen Menschen für seine Geduld. Die Welt könnte tatsächlich denken, die Wahrheit sei umgeworfen, weil sie mit seinem Frieden einhergeht, denn nach dem Urteil der meisten Menschen gibt es keinen Sieg. Dies sieht er nicht als Nachteil an. Die Würdigung solcher Kritik wird die Waage nur erleichtern, und ich nehme nicht an, dass die sehr schwachen Gehirne, die die Wahrheit begreifen, untergehen, weil sie schwerer wiegt als sie. was stürmisches Geschrei angeht, wenn ihnen ihre Motive nicht klar sind, so entdecken sie einen gottlosen Geist, einen Geist, der mehr von Hurrakan als von Jesus Christus hat. Gott war nicht in dem Wind, der die Felsen in Stücke riss, noch in dem Erdbeben und dem Feuer am Horeb. Er war in Aura tenui, in der leisen, sanften Stimme. Seine Feinde sind gezwungen, seine Tugenden zu loben, und seine Freunde bedauern, dass er nicht 10.000 Pfund im Jahr hat. Er nimmt die allgemeine Wut nicht übel. Wer die Wahrheit Gottes niederschreibt, hat denselben Schutzpatron wie die Wahrheit selbst. Und wenn sich die Welt dem allgemeinen Tribunal unterwirft, wird er seinen Anwalt dort finden, wo sie ihren Richter finden. Es besteht ein gegenseitiges Zeugnis zwischen Gott und seinen Dienern oder der Natur und ihrem Sekretär. Wenn der Täufer Zeugnis für Christus ablegte, hat Christus auch viel für den Täufer getan. Er war ein brennendes und strahlendes Licht. Als ich die Lebensgeschichte dieses Herrn niederschrieb, kann Gott mir Zeugnis geben, dass er sie nicht kannte und nicht aus privaten Gründen, sondern eine starke Bewunderung für das Geheimnis und die Majestät der Natur zwang mich dazu, die von diesem Diener Gottes und Sekretär der Natur niedergeschrieben wurde. Ich begann seine Lebensgeschichte vor einigen Jahren und schreibe sie so nieder, wie ich sie vorfinde. Wenn sich jemand dagegen ausspricht, werde ich antworten: Wenn Sie für den Frieden sind, sei der Friede mit Ihnen. Wenn Sie für den Krieg sind, war ich das auch. (Mr. Heydon hat sich vorgenommen, in England nie wieder das Schwert zu ziehen, es sei denn, der König gebietet es ihm.) Wer die Rüstung anlegt, soll sich nicht so rühmen wie der, der sie ablegt. „Gaudet patientia duris" ist sein Motto, und so stelle ich mich als Freund aller Künstler und als Feind niemandes dar.

FREDERICK TALBOT, Esq.

3. März 1662.

Was man von John Heydon hielt und was er offenbar von sich selbst hielt, lässt sich aus den etwas überschwänglichen Zeugnissen ersehen, die er mehreren seiner Bücher beifügte.

Zu Beginn der Axiomata steht Folgendes:

„An seinen überaus genialen Freund, Mr. John Heydon, zu seinen Rosie Crucian Infallible Axomata, dem hervorragenden und geheimen Gebrauch von Zahlen.“

„Der Papst soll nicht mehr vorgeben ,
der Vater der Unfehlbarkeit zu sein, es sei denn, er kann Heydens Zahlen
lehren und geschickt zu seinen Axiomen gelangen. Der gelehrte Heydon
hat mit seiner kunstvollen Feder
die Gehirne der Menschen so sehr trainiert, dass selbst dieses Zeitalter mit
all seinem Witz und seiner Wut nicht weiß, wie es ihm antworten soll [da
bin ich sicher]. Unser Autor hier, als Erbe seines Könnens ,
hat seinen Namen (mit einer gewichtigen Feder) so glücklich hochgehalten,
dass kommende Zeitalter
seinen Ruhm in diesem Eulogium besingen werden;
während die Zahlen die fröhliche Harmonie der Welt besingen, soll dieses
würdige Werk Philosophie lehren.“
J. GADBURY.

Nochmals im selben Werk.

„An seinen hochverehrten Freund, den Autor Mr. John Heydon, zu den
unfehlbaren Axiomen von Rosie Crucian.“

„Pythagras redivivus, geh deine Wege
in die Welt und zähle dein Lob; Lakonische Burschen, achtet nicht mehr
auf euch selbst, wer an Zahlen reich ist, wer achtet, ist arm, denn sie achten
sich selbst, weil sie nicht mehr wert sind. Moses übertraf in seinen
Wundern die Wahrheit
durch vollbrachte Zahlen; nur ihr habt es herausgefunden, deshalb
gebührt euch
das größte Wunder . Tria sunt omnia soll nicht mehr übertroffen werden ,
wer nur durch einfache Zahlen ein Esel ist, deine zusammengesetzten
Zahlen zeigen es so klar wie Glas. Dass die weite Welt dieses Stück so
preisen wird, wie es keine Seele schwört, wenn es nicht ganz harmonisch
ist,
denn nie wurde ein Stück auf der Welt so genau gemacht, in der
Vergangenheit oder Gegenwart, was kommt, dann gib deiner wimmelnden
Seele eine Pause und atme eine Weile vor der nächsten Ausgabe.“
JOHN FYGE ,
Prediger des Evangeliums.

Wieder: -

„O umfassender Magier, Lob gebührt
Deinem würdigen Werk, dem jede Zahl zustrebt, denn Du bist die Krone
des Heiligen Kreuzes; und was die Natur zuerst in Hieroglyphen
niederschrieb, um es vor den Söhnen der Erde zu verbergen, offenbart ihr
Liebling
den Söhnen der Kunst und entfaltet jene Wälzer der Kryptiden, die zuvor
gerollt wurden; Du zeigst uns unfehlbare Axiome, damit Pyrrho sein
zweifelhaftes Handwerk aufgeben würde; die Philosophie kann durch
Deine Methode umworben und von Menschen niedrigen Standes
gewonnen werden, wenn mir die Einbildungskraft sagt, dass dies nicht
möglich ist,
veranlasst mich meine Vernunft zu glauben, dass ein Sohn, inspiriert vom
Geist der Rosenkreucher, der Erbe weiterer ist, denen ich es übertrage.
THOMAS FYGE. "

„Seid gegrüßt (bewunderter Heydon), dessen große Teile
über jeden Neid erstrahlen; und die gewöhnlichen Künste ,
Ihr Verwandten der Engel und höheren Lichter (ein Funke des ersten
Feuers), deren Adlerflüge sich nicht mit Erde und Grobheit befassen,
sondern zu den reinen Himmeln vordringen und Euren Gott zu Eurem
Spiegel machen, in dem Ihr alle Formen seht und so diese seltenen
Entdeckungen macht, wie sich die Dinge bewegen und leben.
Macht weiter, Eure großen Pläne zu vervollständigen, und lasst nicht zu,
dass diese rohe Welt unsere Hoffnungen zunichte macht.
Oh, lasst mich nur durch dieses dämmernde Licht
, das durch Eure dreischichtige Nacht auf mich strömt,
in den Osten der Wahrheit vordringen, bis ich den
ersten schönen Zustand des Menschen sehen kann; wenn die weise
Einfachheit,
die Taube und die Schlange, unschuldig und weise, in seinem Herzen
wohnen und er im Paradies. Diese vom Baum der Erkenntnis, seinen
besten Zweigen, werde ich als Kranz von der Stirn dieses Autors pflücken ,
der künftigen Zeiten Ruhm hinterlassen wird,
mit diesem höchst gerechten Applaus, dem Kranz des großen Heyden.
FRED. TALBOT , *Esquire* ."

Auf den ersten Seiten des „Heiligen Führers" finden wir Folgendes:

„Berühmter Eugenius! Berühmt über alles!
Ein Prinz der Physis! Überaus engelsgleich! Der große Bogenschütze der
Kunst! Schießt nie daneben ;
doch triffst Du das Weiße am besten, in Deiner heiligen Führung. Guter
Gott! Welche Mühen haben die Ärzte

gelernt , um den [seltsam gestörten] Bach zu reinigen?
Doch da ihre krummen Arbeiten unsere Hoffnungen zerstörten
, weist Dein Führer den richtigen Weg.
Hippokrates, der große Galen und Senertus ,
Rhenvoleus, Paracelsus und Albertus, der ernste Gerrard und der geniale
Parkinson, der tote Culpeper und der lebende Thomlinson haben alle gute
Arbeit geleistet. Aber ach! Sie verfehlen den Weg,
den Du vorgezeichnet hast, Du lieber Diener Gottes; und deshalb ist es
kein Wunder, wenn sie
von Dir abweichen; großer Natur (hochgeborener) Sekretär!
Du allein hast den Weg zur Glückseligkeit gelehrt:
Du allein weißt, was es ist: Du hast das fruchtbare Ägypten nach
Heilmitteln durchkämmt und Italien nach mehr; und in Ägypten hast du dir
wundersame Mühe gegeben ,
um uns Gutes zu tun. Wenn die Kritiker sich deiner großen Gelehrsamkeit,
Petra scandalou, nicht beugen, wird es ihnen gewiss bewiesen: Und dieser
Aufsatz über deine erhabeneren Geheimnisse wird sie der weisen Minerva
gewiss machen
, doch immer noch unwissend über deinen Pantarva. Aber halt! Wo bin
ich? Sicherlich hat sie mich verzaubert , denn ich kann deine Taten nicht
gut loben
:
Lass mich frei, guter Eugenius! und die Krone
wird auf keinen anderen Brauen stehen als auf deinen eigenen gelehrten.
Dichter, erhebt keinen Anspruch mehr auf die Bayes!
Heydon allein erstrahlt in herrlichen Strahlen! Folge seinem Führer, er lehrt
dich am sichersten ;
Wer auch immer eine Wunde zufügt, er muss sie heilen. Denn er weist die
Welgrownes, Alt und Jung , an
, reich, glücklich, gesund, edel und stark zu leben.
JOHN GADBURY. "

„An den Leser im Namen meines hochverehrten Freundes, des Autors,
Herrn John Heydon."

„Ein Labyrinth braucht einen Schlüssel, um
den Ausgang zu finden, und ein dädalischer Geist kann seltsame Werke
tun, die außerhalb der Reichweite des Pöbels liegen ,
und in ihr Verständnis eine Lücke schlagen.
Es ist oft zu sehen, dass Männer mit bedeutungsvollen Talenten, die seltene
Künste oder unbekannte Geheimnisse studieren, erfinden und verbreiten,
diejenigen verwirren, die sie nicht verstehen; ihre Ja's, ihre Nein's werden
ins Nichts gesetzt; dann fehlen ihnen Lehrer, um sie vorwärts zu treiben
oder sie zurückzubringen.

Wie viele Gelehrte (in früheren Zeiten)
in allen Wissenschaften galten als Weise? Und doch werden sie kaum von
den Menschen verstanden ,
die sie täglich immer wieder lesen! Manche können von vergangenen und
gegenwärtigen Dingen erzählen ,
und manche würden von zukünftigen Dingen wissen.
Manche studieren zum Vergnügen, manche würden gern lange leben ;
Manche Alten würden gern wieder jung sein. Dieser Mann spielt und müht
sich, Reichtum zu erwerben, jener Mann wird krank, weil er für seine
Gesundheit studiert; dieser Mann wäre glücklich, Weisheit zu haben;
Alle sind ratlos und jeder sehnt sich danach; keiner ist zufrieden, aber jeder
braucht einen Führer, der ihm die Richtung weist, wenn er einen Schritt
von der Stelle macht. Da dies so ist, hat sich unser Autor Mühe gegeben,
uns hineinzuführen und wieder hinauszuführen; wer nun Gefallen daran
findet, sich diesen Entdeckungen anzuvertrauen , hier ist sein heiliger
Führer. Ich bitte, was kann das Gemeinwesen mehr verbessern
als die Entdeckung des Weges zur Gesundheit
? Das Paradoxon wird zur festen Wahrheit ,
ein alter Mann kann in der Blüte seiner Jugend sein Leben verbringen.
Was ist es Wunder, wenn er den Weg verlässt
, der den heiligen Führer nicht mitnimmt!
JOHN BOOKER.

„An seinen aufrichtigen Freund Mr. John Heydon zu seinem Buch mit dem
Titel Der Heilige Führer.“

„Die alten Magier, Druiden, Kabbalisten ,
die Brachmänner, Sybillen und Gymnosophen haben mit all ihren okkulten
Künsten so
viel Unsinn gemacht, dass sie nur Müll verkaufen, der im Einzelhandel
verkauft wird und vielleicht zu Hausierern wird: Ihre reicheren Waren
machen sie so. Der Stagarit muss mit seinem Murnival der Elemente Galen
der Humore in all ihren Farben anrufen, oder Ihre neue Kunst lässt ohne
sie ihre gute alte Sache leiden.
Gewöhnliche Ärzte können nicht nach mehr Patienten suchen als nach
solchen, die Hellibore brauchen :
Wenn die Kraft von Rosie Crucian die Toten wiederbeleben und alte
Männer in ihrer Jugend am Leben erhalten kann.
Hätten Sie Ihr Werk nicht den Heiligen Führer genannt,
hätte es die ganze Welt verwirrt,
wenn man es mit einem Namen getauft hätte, der so passend und
angemessen für seinen Inhalt wäre; Hätte man es die Enzyklopädie der
wundersamen Künste genannt oder es als Mysterium im Folio bezeichnet
oder es als Vatikan bezeichnet, der auf ein Enchiridion reduziert wurde,

oder alle Hermäen in einem Senar,
das Urim und Thummim der Philosophie, die Kunst der Hieroglyphen, die
so enthüllt und wie die Apokalypse verborgen sind,
oder das orthodoxe Paradoxon oder alles
Entdeckte, was die Menschen immer noch ein Wunder nennen; oder die
Magna Charta aller Wissenschaften ,
und wer es nennt, kann es nicht anders nennen, Buch und Titel hätten gut
übereinstimmen können; doch die Menschen haben sich gefragt, ob sie
Ihren Artikel in ihr Glaubensbekenntnis aufnehmen sollten, aber jetzt darf
niemand den Namen des Heiligen verbieten, wenn so viel Wissen in einem
steckt . soll Trismegist sein.
Und wenn der ehrwürdige Ehrwürdige von Levis Stamm
es heiligt, kann ich nur zustimmen.
Ich selbst bin Ihr Freund und Diener ,
THOS. FYGE. ”

„Nun gibt es“, sagt John Heydon, „eine Art von Männern, wie sie selbst
berichten, die Rosie Crucians genannt werden; eine göttliche Bruderschaft,
die die Vororte des Himmels bewohnt, und dies sind die Offiziere des
Generalissimus der Welt, die wie die Augen und Ohren des großen Königs
sind und alles sehen und hören; sie sagen, diese RC sind seraphisch
erleuchtet, wie Moses es war, gemäß dieser Ordnung der Elemente; Erde
verwandelte sich in Wasser, Wasser in Luft, Luft in Feuer. Wenn also ein
Mann einer der Helden ist, eines Heros, eines Dämons oder eines guten
Genies, wenn er ein Genie ist, ein Teilhaber göttlicher Dinge und ein
Gefährte der heiligen Gesellschaft körperloser Seelen und unsterblicher
Engel, und gemäß ihrer Vehikel ein vielseitiges Leben, das sich wie Proteus
in jede beliebige Gestalt verwandelt.

„Aber das größte Glück, das sie schätzen, ist die Gabe der Heilung und
Medizin. Es war eine lange Zeit, viel Arbeit und Reisen, bevor sie diese oben
genannte Glückseligkeit erreichen konnten. Sie waren zunächst arme Herren,
die Gott und die Natur studierten, wie sie selbst bekennen: (Sie sagen) Da
der einzige weise und barmherzige Gott in diesen letzten Tagen seine Gnade
und Güte so reichlich über die Menschheit ausgegossen hat, dass wir immer
mehr zur vollkommenen Erkenntnis seines Sohnes Jesus Christus und der
Natur gelangen, können wir uns mit Recht der glücklichen Zeit rühmen, in
der uns nicht nur die Hälfte der Welt entdeckt wurde, die bisher unbekannt
und verborgen war; sondern er hat uns auch viele wunderbare und nie zuvor
gesehene Werke und Geschöpfe der Natur offenbart und darüber hinaus mit
großer Weisheit ausgestattete Menschen hervorgebracht, die alle Künste (in
unserem Zeitalter, fleckig und unvollkommen) teilweise erneuern und zur
Vollkommenheit bringen könnten.

„Obwohl sich in Theologie, Physik und Mathematik die Wahrheit selbst
widersetzt, zeigt sich dennoch der alte Feind durch seine List und Tücke,
indem er jedes gute Vorhaben mit seinen Werkzeugen und Streitlustigen
(unentschlossenen Leuten) behindert. Für die Absicht einer allgemeinen
Reformation hat der frommste und seraphisch erleuchtete Vater, unser
Bruder CR, ein Deutscher, der Chef und Urvater unserer Bruderschaft, lange
und viel gearbeitet. Aufgrund seiner Armut (obwohl er als Edelmann
geboren wurde und von edlen Eltern abstammte) wurde er im fünften Jahr
seines Lebens in ein Kloster gesteckt, wo er nebenbei Griechisch und Latein
lernte (und auf seinen ernsthaften Wunsch und seine Bitte hin, da er noch in
seinen Wachstumsjahren war, wurde er mit einem Bruder PAL
zusammengebracht, der sich entschlossen hatte, nach Apamia zu gehen).

„Obwohl sein Bruder auf Zypern starb und deshalb nie nach Apamia kam,
kehrte unser Bruder CR nicht zurück, sondern verschiffte sich selbst und
ging nach Damaskus, mit der Absicht, von dort nach Apamia zu gehen, aber
aufgrund der Schwäche seines Körpers blieb er noch dort und erlangte durch
seine Fähigkeiten in der Medizin große Gunst bei den Ishmalits. In der
Zwischenzeit lernte er zufällig die Weisen von Damcar in Arabien kennen
und sah, welche großen Wunder sie vollbrachten und wie ihnen die Natur
offenbart wurde. Hierdurch wurde der hohe und edle Geist von Bruder CR
so geweckt, dass er nun nicht mehr so sehr an Apamia als vielmehr an
Damcar dachte. Auch konnte er seine Wünsche nicht länger zügeln, sondern
schloss mit den Arabern einen Handel ab, dass sie ihn für eine bestimmte
Geldsumme nach Damcar bringen sollten. Dies war im 16. Jahr seines
Lebens, als die Weisen ihn (wie er selbst bezeugt) nicht als Fremden
empfingen, sondern als jemanden, den sie lange erwartet hatten. Sie nannten
ihn bei seinem Namen und zeigten ihm andere Geheimnisse aus seinem
Kloster, worüber er sich nur mächtig wundern konnte.

„Dort lernte er die arabische Sprache besser: so dass er im folgenden Jahr
das Buch M. in gutes Latein übersetzte, und ich habe es ins Englische
übersetzt und den Titel The Wiseman's Crown (Die Krone des Weisen)
gegeben; dem ist hinzugefügt Eine neue Methode der Medizin von Rosie
Crucian. Dies ist der Ort, an dem er seine Medizin und Philosophie lernte,
wie man Tote auferweckt; zum Beispiel, wie sich aus einer in Stücke
geschnittenen und im Mist verrottenden Schlange aus jedem Stück wieder
eine ganze Schlange ergibt usw., und dann begannen sie, weitere Dinge zu
praktizieren und Vögel zu töten und sie zu verbrennen, bevor sie in einem
Glas kalt und so verrottet waren, und sie dann in eine Schale einzuschließen,
sie unter einer Henne auszubrüten und sie wiederherzustellen; und sie
machten andere seltsame Beweise mit Hunden, Schweinen oder Pferden und
erweckten sie durch ähnliche Verderbnis wieder und erneuerten sie. Und

schließlich könnten sie auf die gleiche Weise jeden verstorbenen Bruder wieder zum Leben erwecken und so viele Zeitalter lang weitermachen.

„Bruder CR kehrte nach vielen Reisen wieder nach Deutschland zurück und baute dort auf einem kleinen Hügel oder Berg eine hübsche und passende Behausung, und auf dem Hügel ruhte immer eine Wolke; und er machte sich dort nach seinem eigenen Willen und Ermessen sichtbar oder unsichtbar.

„Nach fünf Jahren kam ihm die ersehnte Rückkehr der Kinder Israels aus Ägypten in den Sinn und wie Gott sie aus der Knechtschaft des Werkzeugs Moses befreien würde. Dann ging er in sein Kloster, zu dem er Zuneigung empfand, und bat drei seiner Brüder, mit ihm zu Moses, dem auserwählten Diener Gottes, zu gehen. Bruder GV, Bruder JA und Bruder JO, die außerdem mehr Kenntnisse in den Künsten besaßen als viele andere zu dieser Zeit, verpflichtete er sich, treu, fleißig und verschwiegen zu sein; und auch sorgfältig aufzuschreiben, was Moses tat; und auch alles, worin er sie anweisen und unterweisen sollte, damit diejenigen, die kommen würden und durch besondere Offenbarung in diese Bruderschaft aufgenommen würden, nicht um die kleinste Silbe oder das kleinste Wort getäuscht würden.

„Auf diese Weise begann die Bruderschaft des Rosenkreuzes, zunächst mit vier Personen, die bis Christus starben und wieder auferstanden. Dann kamen sie zum Gottesdienst, als der Stern sie nach Bethlem in Judäa führte, wo unser Erlöser in den Armen seiner Mutter lag. Dann öffneten sie ihre Schätze und überreichten ihm Geschenke: Gold, Weihrauch und Myrrhe, und gingen auf Gottes Geheiß heim zu ihrer Wohnstätte.

„Diese vier, die im Laufe vieler Jahrhunderte wieder verjüngt wurden, schufen eine magische Sprache und Schrift sowie ein großes Wörterbuch, die noch heute zu Gottes Lob und Ehre täglich verwendet werden und in denen große Weisheit zu finden ist. Sie schufen auch den ersten Teil des Buches M., das ich in Kürze unter dem Titel Die Krone des Weisen veröffentlichen werde.“

In seinem Apolog zum sechsten Buch des „Heiligen Führers“ fährt John Heydon fort, nachdem er erklärt hat, dass Moses der Vater der Rosie Crucians war, dass sie die Offiziere des Generalissimus der Welt waren, des Ordens von Elias oder der Jünger von Ezechiel usw.: „Aber es gibt noch Argumente, um Herrn Walfoord und T. Williams, Rosie Crucians, durch Wahlen zu gewinnen, und das sind die Wunder, die meiner Ansicht nach von ihnen vollbracht wurden, denn es scheint, dass die Rosie Crucians nicht nur in die mosaische Theorie eingeweiht wurden, sondern auch die Macht erlangt haben, Wunder zu wirken, wie es Moses, Elias, Ezechiel und die nachfolgenden Propheten taten, indem sie dorthin transportiert wurden, wo sie wollten, wie Habakuk vom Judentum nach Babylon oder wie Philipp, nachdem er den Eunuchen getauft hatte, nach Azotus, und einer von ihnen ging von mir zu einem Freund von mir in Devonshire und kam und brachte mir am selben Tag eine Antwort nach London, das ist vier Tage Reise; sie lehrten mich ausgezeichnete Vorhersagen der Astrologie und Erdbeben; sie lindern die Pest in Städten; sie bringen die heftigen Winde und Stürme zum Schweigen; sie besänftigen die Wut des Meeres und der Flüsse; sie wandeln in der Luft; sie vereiteln die bösartigen Aspekte der Hexen; sie heilen alle Krankheiten; ich bat einen von ihnen, mir zu sagen, ob mein Teint der Gesellschaft meines guten Genies gewachsen sei? Wenn ich dich wiedersehe, sagte er, werde ich es dir sagen, und zwar dann, wenn es ihm gefällt, zu mir zu kommen, denn ich weiß nicht, wohin ich zu ihm gehen soll. Als ich ihn dann sah, sagte er, Ihr solltet zu Gott beten; denn ein guter und heiliger Mensch kann Gott kein größeres oder annehmbareres Opfer darbringen als die Hingabe seiner selbst, seiner Seele.

„Er sagte auch, dass die guten Geister wie die gütigen Augen Gottes seien, die in der Welt hin und her liefen und mit Liebe und Mitleid die unschuldigen Bemühungen harmloser und aufrichtiger Menschen betrachteten, immer bereit, ihnen Gutes zu tun und ihnen zu helfen; und als er fortging, sagte er mir, ich solle mich vor meinen scheinbaren Freunden hüten, die mir so viel Schaden wie möglich zufügen und die Herrscher der Nationen zornig auf mich machen und meiner Freiheit Grenzen setzen würden; was mir tatsächlich widerfuhr, wie es ihnen tatsächlich geschah; bevor wir uns trennten, erzählte er mir noch viele weitere Dinge, aber ich werde sie hier nicht nennen.

„Ich bin glücklicherweise und unerwartet in Arabien auf dieses Heilmittel oder diese Arznei von Rosie Crucian gestoßen, das all jenen die Gesundheit zurückgibt, die an jener Krankheit leiden, die wir gewöhnlich als natürlich bezeichnen, sowie an allen anderen Krankheiten wie Gicht, Wassersucht, Lepra und Fallsucht. Und man kann von diesen Männern sagen, dass sie sich gut mit dem Körper auskennen, und dass Walfoord, Williams und andere der heute lebenden Bruderschaft mit jenen edlen göttlichen Geistern, ihren Vorgängern, in derselben Equipage mithalten können. Obwohl die Ungeschicklichkeit der Menschen gewöhnlich eher auf übernatürliche Hilfe bei hitzigen, unruhigen Phantasien und verwirrter Melancholie vertraut als auf den ruhigen und klaren Gebrauch der Vernunft. Doch was mich betrifft, wenn auch nicht ohne mich einem besseren Urteil zu beugen, halte ich diese Rosie Crucians für mehr als alle wahrhaft inspirierten Männer und für mehr als alle, die dies in diesen sechzehnhundert Jahren behaupteten oder vorgaben. Und ich bin hingerissen von Bewunderung für ihre Wunder und überragenden mechanischen Erfindungen zur Lösung der Phänomene in der Welt. Ich darf sie daher ohne Anstoß erregen mit Bezaliel und Aholiab vergleichen, jenen geschickten und schlauen Arbeitern der Stiftshütte, die, wie Moses bezeugt, vom Geist Gottes erfüllt waren und daher über ein hervorragendes Verständnis verfügten, um alle Arten von merkwürdigen Arbeiten herauszufinden.

„Es ist auch kein Argument, dass diese Rosenkarausche nicht inspiriert sind, denn sie sagen es nicht, was für mich überhaupt kein Argument ist. Aber die Unterdrückung dessen, was passiert ist, würde viel mehr für Nüchternheit und Bescheidenheit sprechen, wenn man das Bekenntnis nüchterner Menschen zu dieser Medizin als etwas Schwermut und Zerstreutheit verdächtigen würde, besonders bei den Dingen, bei denen das große Vergnügen der Beweis und die Ausübung der Vernunft ist, nicht ein bloßer Glaube oder ein unaussprechliches Lebensgefühl, von dem es keinen wahren Christen gibt, der nicht inspiriert ist. Aber wenn irgendein eifrigerer Anwärter auf Klugheit und Rechtschaffenheit, dem es entweder die Muße oder die Fähigkeit fehlt, diese Rosenkarausche-Heilmittel bis auf den Grund zu untersuchen, sie trotzdem verurteilt oder bewundert, hat er sich unangemessen und indiskret aus seinem eigenen Bereich herausgewagt, und ich kann ihn nicht von Ungerechtigkeit oder Torheit freisprechen. Ich bin auch kein Rosenkreuzer und spreche auch nicht aus Bosheit oder der Hoffnung auf Gewinn oder aus dergleichen Gründen. Es gibt weiß Gott keinen Grund dafür. Ich beneide niemanden, egal, was er sein wird. Ich bin kein Philosoph, war es nie und werde es auch nie sein. Was ich bin, spielt für meinen Beruf keine Rolle.

„Schließlich möchten mich diese heiligen und guten Männer wissen lassen, dass die größte Süße und Vollkommenheit einer tugendhaften Seele die gütige Verwirklichung ihrer eigenen Natur in wahrer Weisheit und göttlicher Liebe ist. Und diese wunderbaren Dinge, die von ihnen getan werden, dienen dazu, dass der Wert und das Wissen, das in ihnen steckt, zur Kenntnis genommen werden und dass Gott, dessen Zeugen sie sind, dadurch verherrlicht wird. Doch erwächst ihnen dadurch kein anderes Glück, außer dass sie dadurch in einer besseren Lage sind, andere glücklich zu machen.

Spittle-Fields, am 10. Mai 1662.
JOHN HEYDON.“

Da es natürlich unmöglich ist, längere Auszüge aus den Werken des berühmten John Heydon wiederzugeben, werden für unseren gegenwärtigen Zweck einige Zitate aus dem Index seines Heiligen Leitfadens die Art des Werks verdeutlichen und genügen. „Wie die Rosenkarausche anhand von Zahlen alle zukünftigen Dinge vorhersehen , die gesamte Natur beherrschen und Wunder vollbringen usw. Die Lösung aller möglichen Fragen und wie Sie anhand von Zahlen glücklich werden können usw. Wie man einen Menschen zweihundert Jahre alt werden lässt. Wie man alle Krankheiten vermeidet. Die Methode der Rosenkarausche, gesund zu werden. Wie man zwanzig Jahre ohne Nahrung überlebt, wie es viele Lebewesen tun. Wie man einen toten Vogel zum Leben erweckt. Wie man aus einer viele Schlangen zeugt" usw. usw.

KAPITEL VI.

Gabalis: oder die extravaganten Mysterien der Kabbalisten.

AUF einer früheren Seite haben wir auf ein Buch verwiesen, das einst unter dem Titel „Graf Gabalis oder die extravaganten Geheimnisse der Kabbalisten" beträchtliche Bekanntheit erlangte. Der folgende Auszug zeigt die Art des Werks und wird sich zweifellos als interessant erweisen.

Graf Gabalis: oder die extravaganten Geheimnisse der Gabalisten, oder: Rosenkarausche in fünf angenehmen Abhandlungen über die Geheimwissenschaften enthüllt.

Erster Diskurs.

Gott hab die Seele von Monsieur Graf von Gabalis selig! Wie man mir berichtet, ist er vor kurzem an einem Schlaganfall gestorben. Die Kabbalisten werden nicht versäumen zu sagen, dass diese Art des Todes für diejenigen üblich ist, die die Geheimnisse der Weisen unvorsichtig handhaben; und dass, seit der selige Ramundus Lullius das Urteil in seinem letzten Willen und Testament verkündet hat, ein Todesengel immer bereit ist, alle, die die philosophischen Geheimnisse unvorsichtig enthüllt haben, in einem Augenblick zu erwürgen.

Doch sie sollen diesen Weisen nicht so vorschnell verurteilen, ohne bessere Informationen über sein Verhalten zu haben. Es ist wahr, er hat mir alles verraten, aber nicht ohne die ganze erforderliche kabbalistische Umsicht. Ich muss ihm Gerechtigkeit widerfahren lassen, indem ich seinem Andenken dieses Zeugnis ablege, dass er ein großer Eiferer für die Religion seiner Väter, der Philosophen, war und dass er lieber die Flammen ertragen hätte, als ihre Heiligkeit zu entweihen, indem er sie einem unwürdigen Fürsten, einer ehrgeizigen Person oder einem Unenthaltsamen offenbart hätte; drei Arten von Leuten, die zu allen Zeiten von den Weisen exkommuniziert wurden. Glücklicherweise bin ich kein Prinz; ich habe wenig Ehrgeiz, und aus der Fortsetzung dieser Abhandlung wird ersichtlich, dass ich ein wenig mehr Keuschheit besitze, als ein Weiser haben muss. Ich bin mit gefügigem Witz ausgestattet; neugierig auf Wissen und mutig genug: Ich brauche nur ein wenig Melancholie, um alle, die den Grafen von Gabalis tadeln würden, gestehen zu lassen, dass er nichts vor mir hätte verbergen müssen, da ich ein für die Geheimwissenschaften geeignetes Thema war. Es ist wahr, dass ohne Melancholie keine großen Fortschritte darin erzielt werden können : aber dieser kleine Vorrat, den ich davon habe, reichte aus, damit ich von ihnen nicht abgelehnt wurde. Sie (hat er hundertmal zu einem gesagt) haben Saturn in einem Winkel, in seinem Haus und rückläufig; Sie können eines Tages nicht umhin, so melancholisch zu sein, wie ein Weiser sein sollte: denn der weiseste aller Menschen (wie wir aus der Kabale wissen) hatte wie Sie Jupiter im Aszendenten. Und doch wurde nie bemerkt, dass er in seinem ganzen Leben auch nur einmal lachte, so mächtig war sein Saturn in ihm, obwohl er sicherlich schwächer war als Ihrer.

Dann ist es mein Saturn und nicht Monsieur, der Graf von Gabalis, mit dem der *Virtuose* streiten muss, wenn ich mehr die Preisgabe ihrer Geheimnisse als deren Ausübung vorziehe. Wenn die Sterne ihre Pflicht nicht erfüllen, ist der Graf nicht schuld, und wenn ich keine Seele habe, die groß genug ist, um zu versuchen, Herr der Natur zu werden, die Elemente auf den Kopf zu stellen, die höchsten Intelligenzen zu unterhalten, den Dämonen zu befehligen, Riesen zu zeugen, neue Welten zu erschaffen, mit Gott auf seinem hohen Thron zu sprechen und den Cherubin, der den Eingang des Paradieses verteidigt, zu zwingen, mich hereinkommen und zwei oder drei Runden auf seinen Wegen machen zu lassen; dann bin ich es, den sie mehr oder weniger beschuldigen müssen: Sie dürfen nicht für diese Beleidigung des Andenkens dieses seltenen Mannes verantwortlich gemacht werden und sagen, dass er tot ist, weil er mir alles ausgeplaudert hat. Ist es unmöglich, dass er unter den wandernden Geistern in einem Konflikt mit einem unzähmbaren Kobold unterlegen war? Vielleicht ist er nicht tot, sondern nur dem Anschein nach; nach dem Brauch der Philosophen, die an einem Ort zu sterben scheinen und sich dann an einen anderen Ort begeben. Wie dem auch sei, ich kann nicht glauben, dass die Art und Weise, in der er mir seine Schätze anvertraute, eine Strafe verdiente. Du wirst sehen, wie alles geschah.

Da der gesunde Menschenverstand mich immer vermuten ließ, dass in all dem, was sie Geheimwissenschaft nennen, eine Menge Leere steckt, war ich nie versucht, so viel Zeit zu verlieren, dass ich die Blätter dieser Bücher umblätterte, aber ich fand es dennoch nicht vernünftig, all jene, die sich diesem Thema widmen, ohne zu wissen warum, zu verurteilen, die ansonsten weise Leute sind, größtenteils sehr gelehrt und sowohl im Talar als auch im Schwert berühmt. Ich fasste den Entschluss (um nicht ungerecht zu sein und mich mit langweiliger Lektüre zu ermüden), mich unter all jenen, von denen ich erfahren konnte, dass sie zu dieser Bande gehörten, als großer Anhänger dieser Wissenschaften auszugeben. Ich hatte schnell mehr Erfolg, als ich je hoffen konnte . Denn all diese Herren , so geheimnisvoll und verschlossen sie auch erscheinen mögen, wünschen sich nichts sehnlicher, als ihrer Fantasie und den neuen Entdeckungen, die sie angeblich in der Natur gemacht haben, freien Lauf zu lassen. In wenigen Tagen war ich der Vertraute der bedeutendsten unter ihnen und hatte jeden Tag einen von ihnen in meinem Arbeitszimmer, das ich absichtlich mit ihren phantastischsten Autoren geschmückt hatte. Es gab nie einen gelehrten Virtuosen dieser Art, mit dem ich nicht in Korrespondenz stand. Kurz gesagt, wegen meines Eifers für diese Wissenschaft fand ich schnell die Anerkennung aller. Zu meinen Gefährten gehörten Prinzen, hohe Herren, Herren, schöne und auch unschöne Damen; Ärzte, Prälaten, Mönche, Nonnen: alles feine Leute aller Ränge und Qualitäten. Einige von ihnen pflegten den Umgang mit Engeln, andere mit Teufeln, andere mit ihrem Genie, andere mit dem von Albträumen; einige widmeten sich der Heilung von Krankheiten, andere der Sternbeobachtung, andere den Geheimnissen der Göttlichkeit und fast alle dem Stein der Weisen.

Sie waren sich alle einig, dass diese großen Geheimnisse und insbesondere der Stein der Weisen kaum zu entdecken seien und dass nur sehr wenige sie ergründen würden. Sie hatten jedoch alle eine sehr hohe Meinung von sich selbst, sodass sie glaubten, zu den Auserwählten zu gehören. Glücklicherweise erwarteten die bedeutendsten von ihnen zu dieser Zeit mit unendlicher Ungeduld die Ankunft eines Lords, der ein großer Kabbalist war und dessen Besitz an der Grenze Polens lag. In Briefen an die Kinder der Philosophie in Paris hatte er versprochen, sie zu besuchen und so von Frankreich nach England zu reisen. Ich hatte den Auftrag, diesem großen Mann eine Antwort zu schreiben. Ich schickte ihm den Plan meiner Geburt, damit er beurteilen konnte, ob ich in der Lage war, nach der höchsten Weisheit zu streben. Mein Plan und mein Brief waren so glücklich, dass er mir die Ehre erwies, mir zu antworten. Ich sollte einer der Ersten sein, die er in Paris sehen würde, und wenn der Himmel nicht dagegen war, würde es ihm nichts fehlen, mich in die Gesellschaft der Weisen einzuführen.

Im Rahmen meiner guten Verwaltung meines Vermögens stehe ich in regelmäßigem Briefwechsel mit dem berühmten Deutschen: Von Zeit zu Zeit lege ich ihm so gut begründete Zweifel vor, die die Harmonie der Welt, die Zahlen des Pythagoras, die Offenbarungen des Johannes und das erste Kapitel der Genesis betreffen. Die Größe der Angelegenheit überwältigte ihn! Er schrieb mir unerhörte Wunder, und ich sah deutlich, dass ich es mit einem Mann von äußerst lebhafter und reicher Vorstellungskraft zu tun hatte. Ich war eines bemerkenswerten Tages erstaunt, als ich einen Mann mit vortrefflicher Miene kommen sah, der mich ernst grüßte und in französischer Sprache, aber mit der Stimme eines Ausländers, zu mir sagte: Bete meinen Sohn an; bete den herrlichsten und größten Gott der Weisen an und lass dich nicht von Stolz aufblasen, dass er dir eines der Kinder der Weisheit schickt, um dich zu einem Mitglied ihrer Gesellschaft zu machen und dich an den Wundern seiner Allmacht teilhaben zu lassen.

Diese seltsame Art der Begrüßung überraschte mich plötzlich und ich begann mich zunächst zu fragen, ob es sich nicht um eine Erscheinung handeln könnte. Dennoch fasste ich mich wieder, so gut es ging, und sah ihn so höflich an, wie es mir die kleine Furcht, die mich ergriff, erlaubte. „Wer immer Sie sind (sagte ich zu ihm), dessen Gesellschaft nicht von dieser Welt ist, Sie erweisen mir mit diesem Besuch eine große Ehre." Aber ich bitte Sie, wenn Sie so freundlich sind, bevor ich diesen Gott der Weisen anbete, lassen Sie mich wissen, von welchem Gott und welchen Weisen Sie sprechen. Tun Sie mir den Gefallen, sich auf diesen Stuhl zu setzen und machen Sie sich die Mühe, mir zu sagen, was dieser Gott ist und was diese Weisen, diese Gesellschaft, diese Wunder der Allmacht sind und nach all dem oder davor, mit welcher Art von Geschöpf ich die Ehre habe zu sprechen.

Herr, Sie empfangen mich wie ein Weiser (sagte er lächelnd und nahm den Stuhl ein, den ich ihm anbot). Sie möchten, dass ich Ihnen plötzlich Dinge erkläre, die ich Ihnen heute mit Verlaub nicht erklären werde. Die Worte, die ich Ihnen machte, sind die Worte, die die Weisen zuerst an diejenigen richten, denen sie ihr Herz öffnen und ihre Geheimnisse enthüllen möchten. Ich hatte gedacht, dass Ihnen dieser Gruß nicht unbekannt sein würde, da Sie mir in Ihren Briefen so weise erschienen, und dass es die angenehmste Begrüßung wäre, die der Graf von Gabalis Ihnen machen könnte.

Ach! Herr (rief ich, als mir einfiel, dass ich ein heikles Spiel zu spielen hatte), wie soll ich mich so vieler Güte würdig erweisen? Ist es möglich, dass der vortrefflichste aller Menschen in meinem Arbeitszimmer sitzt? Dass der große Gabalis mich mit seinem Besuch beehrt?

Ich bin der geringste der Weisen (antwortete er mit ernstem Blick), und Gott, der die Strahlen seiner Weisheit nach Maß und Gewicht verteilt, wie es seiner Souveränität gefällt, hat mir nur ein kleines Talent gegeben im Vergleich zu dem, was ich an meinen Mitmenschen bewundere. Ich hoffe, dass Sie ihnen eines Tages ebenbürtig sein werden, wenn ich es wage, dies nach dem Schema Ihrer Geburt zu beurteilen, das Sie mir die Ehre erwiesen haben zu senden. Aber Sie geben mir Anlass, mich über Sie zu beschweren, Sir (fügte er lächelnd hinzu), weil Sie mich selbst jetzt noch für einen Geist halten. Nicht für einen Geist (sagte ich zu ihm), aber ich bezeuge Ihnen, Sir, dass mir plötzlich in Erinnerung kam, was Cardan von seinem Vater erzählte; dass er eines Tages in seinem Arbeitszimmer von unbekannten Personen besucht wurde, die in verschiedene Farben gekleidet waren und ihn mit einem angenehmen Gespräch über ihre Natur und Beschäftigung unterhielten. Ich verstehe Sie (unterbrach den Grafen), es waren Sylphen, von denen ich Ihnen später erzählen werde: Sie sind eine Art Luftsubstanzen ; die manchmal kommen, um die Weisen zu den Büchern des Averroes zu befragen, die sie nicht gut verstehen. Cardan war ein Gecken, weil er das unter seinen Spitzfindigkeiten veröffentlichte: er hatte diese Erinnerungen unter den Papieren seines Vaters gefunden, der einer von uns war, und der, da er sah, dass sein Sohn von Natur aus ein Schwätzer war, ihm nichts von dem Wichtigsten beibringen wollte; sondern ihn mit Astrologie den Kopf zerbrechen ließ, wobei er nicht schlau genug war, um zu verhindern, dass seine Söhne gehängt wurden. Dieser Esel war der Grund dafür, dass Sie mir das Unrecht zufügten, mich für eine Sylphe zu halten. Unrecht (antwortete ich!) Warum, Sir, sollte ich so unglücklich sein, dass ich – ich bin nicht böse darüber (unterbrach er), da Sie nicht im Voraus wissen müssen, dass all diese Elementargeister unsere Schüler sind; denn sie sind am glücklichsten, wenn wir uns so weit herablassen, sie zu unterweisen; und der geringste unserer Weisen ist wissender als all diese kleinen Herren. Aber wir werden zu einem passenderen Zeitpunkt ausführlicher darüber sprechen; mir genügt es heute, dass ich die Genugtuung hatte, Sie zu sehen. Bemühen Sie sich, mein Sohn, sich würdig zu machen, die kabbalistischen Erleuchtungen zu empfangen: Die Stunde Ihrer Wiedergeburt ist gekommen; die Schuld liegt bei Ihnen, wenn Sie kein neues Geschöpf werden. Er verließ mein Arbeitszimmer, und ich beklagte mich über seinen kurzen Besuch, als ich auf seine Rückkehr wartete, dass er die Grausamkeit besaß, mich so schnell zu verlassen, nachdem er mich so glücklich gemacht hatte, einen Blick auf sein Licht zu erhaschen. Aber nachdem er mir mit großer Freundlichkeit versichert hatte, dass ich durch diese plötzliche Abreise nichts verlieren würde, stieg er in seine Kutsche und ließ mich in einer Überraschung zurück, die ich nicht in Worte fassen kann. Ich konnte weder meinen eigenen Augen noch meinen eigenen Ohren trauen: Ich bin sicher (sagte ich), dass dies ein Mann von großer Qualität ist; dass er ein Vermögen von fünftausend Pfund pro Jahr hat, außerdem scheint er sehr gebildet zu sein. Ist es möglich, dass er es so erträgt, sich mit diesen Albernheiten zu füllen? Er hat mit großem Ernst mit mir über diese Sylphen gesprochen: Sollte er sich am Ende als Zauberer erweisen? Und sollte ich mich bis jetzt getäuscht haben, indem ich glaubte, dass es so etwas nicht gibt? Aber angenommen, er wäre ein Zauberer, gibt es auch einige unter ihnen, die so fromm sind, wie dieser Mann zu sein scheint?

Der Graf war so freundlich, mir die ganze Nacht Gebete zu gewähren, und am Morgen, bei Tagesanbruch, ließ er mich wissen, dass er um acht Uhr zu mir nach Hause kommen würde, und dass wir, wenn ich gewillt wäre, zusammen ein wenig frische Luft schnappen könnten. Ich wartete auf ihn, er kam, und nach gegenseitigen Höflichkeiten sagte er zu mir: „Lass uns an einen Ort gehen, wo wir gemeinsam frei sein können und wo niemand unser Gespräch unterbrechen kann."

Als er sah, dass wir so frei von Gesellschaft waren, wie er es sich nur wünschen konnte, sagte er: Wie glücklich wirst du sein, mein Sohn, wenn der Himmel die Güte hat, deiner Seele jene Verfassungen zu geben, die die hohen Mysterien von dir verlangen. Du wirst lernen, der Natur zu gebieten; Gott im Himmel wird dein Herr sein, und nur die Weisen werden dir ebenbürtig sein, die höchsten Intelligenzen werden es als Ruhm erachten, deinen Wünschen zu gehorchen. Wenn du zu den Kindern der Philosophie aufgenommen wirst und deine Augen durch die Anwendung unserer heiligen Medizin gestärkt werden, wirst du sofort entdecken, dass die Elemente von vollkommensten Geschöpfen bewohnt werden, von deren Wissen und Handel die Sünde des unglücklichen Adam all seine allzu unglückliche Nachkommenschaft ausgeschlossen hat. Dieser immense Raum zwischen der Erde und dem Himmel hat edlere Bewohner als Vögel und Fliegen; dieser weite Ozean hat auch andere Truppen außer Delphinen und Walen; die Tiefen der Erde sind nicht nur für Maulwürfe; und das Element Feuer (edler als die anderen drei) wurde nicht geschaffen, um unnütz und nichtig zu sein.

Die Luft ist erfüllt von einer zahllosen Menge von Menschen in menschlicher Gestalt, die etwas wild aussehen, aber durch Erfahrung gefügig werden ; große Liebhaber der Wissenschaften, subtil, den Weisen zugetan und Feinde der Trunkenbolde und Unwissenden. Ihre Frauen und ihre Töchter haben eine Art männliche Schönheit, wie wir sie den Amazonen zuschreiben. Wie, Sir (rief ich), würden Sie mich davon überzeugen, dass diese Freunde, von denen Sie sprechen, verheiratet sind?

Sei nicht so grimmig, mein Sohn (antwortete er), wegen so einer Kleinigkeit. Glaube, dass alles, was ich dir sage, solide und wahr ist. Ich mache dich mit nichts bekannt, außer den Prinzipien der alten Kabale, und um sie zu rechtfertigen, braucht es nichts weiter, als dass du deinen eigenen Augen traust; aber nimm das Licht, das Gott dir durch meine Vermittlung sendet, mit sanftmütigem Geist auf. Wisse, dass die Meere und Flüsse ebenso bewohnt sind wie die Luft: Die alten Weisen haben diese Art von Menschen Undianer oder Nymphen genannt. Sie haben nur wenige Männer unter sich, aber die Frauen sind zahlreich: Ihre Schönheit ist wunderbar, und die Töchter der Menschen haben nichts Vergleichbares an sich.

Die Erde ist fast bis zur Mitte mit Gnomen oder Pharyes gefüllt , einem Volk von kleiner Statur, den Wächtern von Schätzen, Minen und Edelsteinen. Sie sind scharfsinnig, menschenfreundlich und leicht zu befehligen. Sie versorgen die Kinder der Weisen mit so viel Geld, wie sie benötigen, und verlangen nie eine andere Belohnung als den Ruhm, befehligt zu werden . Die Gnomiden oder Frauen dieser Gnomen oder Pharyes sind klein, aber sehr hübsch, und ihre Kleidung ist wunderbar merkwürdig ... Die Salamander, die Wesen inhabitantsaus der Region des Feuers, dienen den Philosophen, suchen ihre Gesellschaft jedoch nicht besonders eifrig. Die Frauen der Salamander sind schön, nein, sogar schöner als alle anderen, da sie einem reineren Element angehören. Sie werden mehr von der Schönheit ihres Geistes als von ihrem Körper entzückt sein, doch können Sie nicht anders, als um diese armen Kerle zu trauern, wenn sie Ihnen erzählen, dass ihre Seele sterblich ist und dass sie keine Hoffnung auf ewiges Glück und auf das höchste Wesen haben, das sie anerkennen und religiös verehren. Sie werden uns erzählen, dass sie aus den reinsten Teilen der Elemente bestehen, die sie bewohnen, und keine gegensätzlichen Eigenschaften in sich tragen, da sie nur aus einem Element bestehen, und deshalb erst nach vielen

Zeitaltern sterben, aber ach! Was ist eine solche Zeit im Hinblick auf die Ewigkeit? Sie müssen sich ewig in ihr Nichts auflösen. Diese Überlegung quält sie sehr, und wir haben genug Mühe, sie diesbezüglich zu trösten.

Unsere Väter, die Philosophen, beklagten sich bei Gott von Angesicht zu Angesicht über das Unglück dieser Menschen, und Gott, dessen Barmherzigkeit grenzenlos ist, offenbarte ihnen, dass es nicht unmöglich sei, ein Heilmittel für dieses Übel zu finden. Er gab ihnen die Eingebung, dass die Sylphen, Gnome, Nymphen und Salamander durch das Bündnis, das sie mit dem Menschen schließen, auf die gleiche Weise, wie der Mensch durch das Bündnis, das er mit Gott schließt, Teilhaber der Göttlichkeit geworden ist, zu Teilhabern der Unsterblichkeit werden könnten. So wird eine Nymphe oder eine Sylphide unsterblich und des Segens fähig, den wir anstreben, wenn sie das Glück haben, einen Weisen zu heiraten; ein Gnom oder eine Sylphe hört auf, sterblich zu sein, sobald er eine unserer Töchter heiratet.

Daher stammt der Irrtum früherer Zeiten, des Tertullian, des Märtyrers Justin, des Lactantius, Cyprian, Clemens Alexandrinus, des christlichen Philosophen Athengoras und allgemein aller Schriftsteller jener Zeit. Sie hatten erfahren, dass diese elementaren Halbmenschen versucht hatten, mit Mädchen zu handeln , und sie haben sich daher vorgestellt, dass der Fall der Engel nur aufgrund der Liebe geschehen sei, die sie zu Frauen empfanden. Bestimmte Gnome, die unsterblich werden wollten, wollten die Zuneigung unserer Töchter gewinnen und brachten eine Fülle von Edelsteinen mit, deren natürliche Wächter sie sind, und diese Autoren, die sich auf das Buch Henoch stützten, das sie missverstanden, dachten, dass dies der Versuch war, den diese verliebten Engel unternommen hatten, um die Keuschheit unserer Frauen zu erreichen. Am Anfang zeugten diese Kinder des Himmels berühmte Riesen, indem sie sich die Geliebten der Töchter der Menschen machten, und die alten Kabbalisten, Josephine und Philo (da alle Juden unwissend sind) und nach ihnen alle anderen Autoren, die ich gerade genannt habe, sowie Origenes und Makrebius, und sie wussten nicht, dass sie die Sylphen und andere Völker der Elemente waren, die unter dem Namen Kinder Elohims von den Kindern der Menschen unterschieden werden. Ebenso wird das, was der weise Augustinus in Bezug auf die Bestrebungen der sogenannten Faunes oder Satyrn, die den Afrikanern seiner Zeit nachempfunden waren, in bescheidenem Maße unbestimmt ließ, durch das geklärt, was ich nun über den Wunsch all dieser elementaren Bewohner gesagt habe, sich mit Menschen zu verbünden; dies sei das einzige Mittel, um die Unsterblichkeit zu erlangen, die sie nicht haben.

Nein, nein! Unsere Weisen haben sich nie so geirrt, dass sie den Fall der ersten Engel ihrer Liebe zu Frauen zuschrieben, ebenso wenig wie sie die Männer in die Gewalt des Teufels brachten, indem sie ihm alle Abenteuer der Nymphen und Sylphen zuschrieben, von denen die Historiker so ausführlich sprechen. Daran war nichts Kriminelles. Es waren die Sylphen, die sich bemühten, unsterblich zu werden. Ihre unschuldigen Bestrebungen, die die Philosophen keineswegs schockieren konnten, erschienen uns so gerecht, dass wir alle einvernehmlich beschlossen haben, den Frauen völlig abzuschwören und uns ganz der Unsterblichkeit der Nymphen und Satyrn zu widmen.

Herrgott (rief ich) Was höre ich da? Gab es jemals solch wunderbare F——— ? Ja, mein Sohn (unterbrach ihn der Graf), bewundere die wunderbare Glückseligkeit der Weisen! Statt Frauen, deren verblassende Schönheit in kurzer Zeit vergeht und von schrecklichen Falten und Hässlichkeit gefolgt wird , erfreuen sich die Philosophen an Schönheiten, die nie alt werden und denen sie die Ehre haben, unsterblich zu machen. Erraten Sie die Liebe und Anerkennung dieser unsichtbaren Geliebten und mit welcher Inbrunst sie sich bemühen, dem wohltätigen Philosophen zu gefallen, der sich bemüht, sie unsterblich zu machen.

Ah! Herr (rief ich noch einmal), ich entsage ———. Ja, Sie, Herr (fuhr er fort , ohne mir Zeit zu lassen, zu Ende zu sprechen), entsagen Sie den vergänglichen Freuden, die man mit Frauen haben kann; die Schönste unter allen ist der schlichtesten Sylphide zuwider: Auf unsere weisen Umarmungen folgt nie Unmut. Elende Unwissende! Wie sollten Sie sich beschweren, dass Sie nicht die Macht haben, die Freuden der Philosophie zu kosten. Elender Graf von Gabalis (unterbrach ich ihn mit einem Akzent, der aus Zorn und Mitleid gemischt war) Wollen Sie mir erlauben, Ihnen endlich zu sagen, dass ich dieser sinnlosen Weisheit entsage; dass ich diese visionäre Philosophie sehr lächerlich finde; dass ich die abscheulichen Umarmungen verabscheue, die Sie diese Phantasmen vortäuschen lassen; und dass ich um Sie zittere und mich wundere, dass Sie nicht eine dieser vorgeblichen Sylphiden mitten in Ihren Verzückungen und Verzückungen in die Hölle schickt; und aus Angst, ein so ehrlicher Mann wie Sie könnte das Ende Ihres törichten chymerischen Eifers nicht erkennen und ein so großes Verbrechen nicht bereuen. Oh! Oh! (antwortete er), Unheil möge Deinen unbeugsamen Geist treffen. Ich muss gestehen, dass mich sein Verhalten erschreckte; aber es war noch schlimmer, als ich bemerkte, dass er, als er sich von mir entfernte, ein Papier aus seiner Tasche zog, von dem ich aus dieser Entfernung leicht erkennen konnte, dass es voller Schriftzeichen war; doch ich konnte es nicht gut erkennen. Er las sie ernst und sprach leise. Ich vermutete, dass er irgendeinen Geist zu meinem Untergang anrief, und bereute meinen rücksichtslosen Eifer mehr als nur ein wenig. Wenn ich diesem Abenteuer entkomme (rief ich), werde ich nie wieder mit einem Kabbalisten zu tun haben. Ich heftete meine Augen auf ihn wie auf einen Richter, der bereit ist, mich zum Tode zu verurteilen ; als ich schließlich bemerkte, dass sein Blick heiter wurde. „Es ist hart", sagte er lächelnd und kam wieder auf mich zu, „es ist hart für dich, gegen den

Stachel anzutreten. Du bist ein Gefäß der Erwählung. Der Himmel hat dich dazu bestimmt, der größte Kabbalist deines Zeitalters zu sein. Sieh dir den Plan deiner Geburt an, der nicht scheitern kann. Wenn er jetzt nicht scheitert, und das auch noch durch meine Hilfe, wird es ein großes Wunder sein, wie es durch diesen rückläufigen Saturn sichtbar wird.

Ach, mein Herr (sagte ich zu ihm), wenn ich ein Weiser werden muss, dann nur durch den großen Gabalis; aber um frei mit Ihnen zu reden, fürchte ich, dass es Ihnen schwerfallen wird, mich zu dieser philosophischen Haltung zu überreden. Es scheint (fuhr er fort), dass Sie in der Physik so wenig belesen sind, dass Sie nicht von der Existenz dieser Leute überzeugt werden können? Ich weiß nicht (antwortete ich), aber ich kann mir nicht vorstellen, dass diese etwas anderes als verkleidete Freunde sein können. Glauben Sie (sagte er) immer noch lieber Ihren eigenen Einfällen als der natürlichen Vernunft? Als Plato, Pythagoras, Celsus, Psellus, Proclus, Porphyrius, Jamlicus, Plotinus, Trismegistus, Noblius, Dorneus, Fludd; als der große Phillippus Aureolus Theophractus Bombst Paracelsus de Honeinhem; und als unsere ganze Gesellschaft.

Ich würde Ihnen (antwortete ich) genauso schnell glauben, nein, schneller als all diesen; aber, lieber Herr, könnten Sie die Angelegenheit mit dem Rest Ihrer Gesellschaft nicht so regeln, dass ich nicht gezwungen wäre, mit diesen elementaren Damen fleischliche Kenntnis zu haben? Weg, weg (antwortete er), Sie haben Ihre eigene Freiheit, ohne Zweifel ; denn niemand liebt, wenn er nicht danach strebt. Nur wenige der Weisen konnten sich gegen ihre Zauber wehren, aber es wurde beobachtet, dass einige, die sich ganz und gar für große Dinge aufsparen (wie Sie mit der Zeit erfahren werden), den Nymphen niemals diese Ehre erweisen würden. Ich werde also einer von ihnen sein (sagte ich), aber dennoch kann ich mich auch nicht entschließen, Zeit mit den Zeremonien zu verlieren, von denen ich einen Prälaten sagen hörte, dass sie von jenen praktiziert werden müssen, die mit ihren Genies sprechen wollen. Dieser Prälat wusste nicht, was er sagte (sagte der Graf), denn Sie werden bald sehen, dass es dort keine Genies gibt; und außerdem hat kein Weiser jemals Zeremonien oder Aberglauben zur Vertrautheit mit den Genien eingesetzt, ebenso wenig wie für die Menschen, von denen wir sprechen.

Die Kabbalisten handeln ausschließlich nach den Prinzipien der Natur. andWenn in unseren Büchern manchmal seltsame Wörter, Zeichen oder Räucherungen zu finden sind, dann nur, um die philosophischen Prinzipien vor den Unwissenden zu verbergen. Bewundern Sie die Einfachheit der Natur in all ihren wunderbarsten Wirkungen! Und in dieser Einfachheit eine Harmonie und Übereinstimmung, die so groß, so gerecht und so notwendig ist, dass Sie sich wider Willen von Ihrer schwachen Vorstellungskraft abwenden werden. Was ich Ihnen jetzt sagen werde, lehren wir jene unserer

Schüler, die wir nicht gänzlich in das Heiligtum der Natur eintreten lassen werden und die wir dennoch nicht völlig der Gesellschaft der Elementarmenschen berauben werden, bloß aus Mitleid, das wir mit diesen armen Elenden haben.

Die Salamander (wie Sie vielleicht bereits begriffen haben) bestehen aus den subtilsten Teilen der Feuersphäre, die durch die Wirkung des universellen Feuers (über das ich Sie eines Tages ausführlicher unterhalten werde) zusammengeballt und organisiert sind und so genannt werden, weil es die Hauptbewegungsquelle der Natur ist.

Die Sylphen bestehen in ähnlicher Weise aus den reinsten Atomen der Luft, die Nymphen aus den feinsten Teilen des Wassers und die Gnomen aus den subtilsten Teilen der Erde. Zwischen Adam und diesen so vollkommenen Geschöpfen bestand ein großes Verhältnis; denn sie bestanden aus dem, was in den vier Elementen am reinsten war; er verstand die Vollkommenheit dieser vier Arten von Menschen und war ihr natürlicher König. Aber seit seine Sünde ihn in die Exkremente der Elemente stürzte (wie Sie später sehen werden), war die Harmonie gestört, und es gab kein Verhältnis mehr, da er unrein und stumpf gegenüber den so reinen und so subtilen Substanzen geworden war. Welches Heilmittel gibt es für dieses Übel? Wie sollen wir diesen Thron wieder besteigen und diese verlorene Souveränität zurückgewinnen? O Natur! Warum studieren sie dich so wenig? Verstehst du nicht, mein Sohn, mit welcher Einfachheit die Natur dem Menschen die Güter zurückgeben kann, die er verloren hat? Ach! Herr (antwortete ich), ich bin sehr unwissend in all diesen Einfachheiten, von denen Sie sprechen. Und dennoch (fuhr er fort) ist es sehr leicht, sich Wissen darüber anzueignen.

Wenn wir diese Herrschaft über die Salamander wiedererlangen wollen, müssen wir das Element des Feuers, das in uns ist, reinigen und erhöhen und den Ton dieser schlaffen Saite anheben. Wir brauchen nichts weiter zu tun, als das Feuer der Welt durch konkave Spiegel in einer Glaskugel zu konzentrieren. Und hierin befindet sich jenes große Kunstwerk, das alle Alten so religiös verborgen haben und das der göttliche Theophrastus entdeckt hat. In dieser Kugel bildet sich ein Sonnenpulver, das, wenn es von selbst aus der Mischung anderer Elemente gereinigt und nach Kunst zubereitet wird, in sehr kurzer Zeit vollkommen geeignet ist, das Feuer, das in uns ist, zu erhöhen und uns (wie wir es nennen) eine feurige Natur zu verleihen. Von da an werden die Bewohner der Feuersphäre unsere Untergebenen und sind entzückt, unsere gegenseitige Harmonie wiederhergestellt zu sehen und dass wir uns ihnen wieder nähern. Sie haben all die Güte für uns, die sie für ihre eigene Art haben, all den Respekt, den sie dem Bild und dem Stellvertreter ihres Schöpfers schulden; und all die Besorgnis, die in ihnen offenbar werden kann, der Wunsch, durch uns die Unsterblichkeit zu erlangen, die sie wollen. Es ist wahr, dass sie, da sie subtiler sind als die der anderen Elemente, sehr lange leben, sodass sie die Weisen nicht sehr bedrängen, sie unsterblich zu machen. Sie können sich mit einer von ihnen zufrieden geben, wenn die Abneigung, die Sie mir gegenüber bezeugt haben, nicht bis zum Ende anhält: vielleicht wird sie nie mit Ihnen über das sprechen, was Sie so sehr fürchten.

Anders verhält es sich mit den Sylphen, Gnomen und Nymphen, denn sie leben weniger lange, brauchen uns mehr und ihre Vertrautheit ist daher leichter zu erlangen. Sie brauchen nur ein Glas mit konglobater Luft, Wasser oder Erde zu verschließen und es einen Monat lang der Sonne auszusetzen. Dann trennen Sie die Elemente je nach Kunst, was sehr einfach ist, wenn es sich um Erde oder Wasser handelt. Es ist wunderbar zu sehen, welche Kraft jedes dieser gereinigten Elemente hat, um Nymphen, Sylphen und Gnome anzuziehen. Wenn man jeden Tag nur eine kleine Menge davon zu sich nimmt, etwa einen Monat lang, wird man in der Luft die flugfähige Republik der Sylphen sehen; die Nymphen kommen in Scharen die Flüsse herauf und die Hüter der Schätze präsentieren Ihnen ihre Reichtümer. So werden Sie ohne Schriftzeichen, ohne Zeremonien, ohne barbarische Worte zum absoluten Herrscher über all diese Menschen. Sie brauchen die Weisen nicht zu verehren, da sie genau wissen, dass sie edler sind als sie . So lehrt die ehrwürdige Natur ihre Kinder, wie man die Elemente durch die Elemente wiederherstellt. So wird die Harmonie wiederhergestellt . So erlangt der Mensch seine natürliche Herrschaft zurück und kann alle Dinge in den Elementen tun, ohne Dämonen oder ungesetzliche Kunst. So siehst du, mein Sohn, dass die Weisen unschuldiger sind, als du dachtest. Du sagst mir nichts —

Ich bewundere, Sir (sagte ich), und ich fange an zu befürchten, dass Sie mich zu einem Philosophen machen werden. Ach! Gott bewahre dich davor, mein Kind (rief er). Deine Geburt hat dich nicht zu diesen Dummheiten bestimmt, ich versichere dir im Gegenteil, dass du dir darüber keine Sorgen machen musst: Ich sagte dir bereits, dass die Weisen diese Dinge nicht denen zeigen, die sie nicht in ihre Gesellschaft aufnehmen. Du wirst all diese Vorteile und andere unendlich herrlichere und angenehmere auf deutlich philosophischere Weise genießen. Ich hatte dir diese Methoden nicht beschrieben, sondern um dich die Unschuld dieser Philosophie erkennen zu lassen und dich von diesen panischen Ängsten zu befreien.

Ich danke Gott, Sir (antwortete ich), ich habe im Augenblick keine solche Angst wie jetzt. Und obwohl ich mich noch nicht für die Vereinbarung mit den Salamandern entschieden habe, die Sie mir vorschlagen, kann ich die Neugier nicht unterdrücken, zu erfahren, wie Sie herausgefunden haben, dass diese Nymphen und Sylphen sterben. Wahrhaftig (antwortete er), sie sagen es uns, und wir sehen sie sterben. Wie (sagte ich) können Sie sie sterben sehen, und doch macht Ihr Handel sie unsterblich? Das wäre gut (fuhr er fort), wenn die Zahl der Weisen der Zahl dieser Menschen entspräche: außerdem gibt es viele unter ihnen, die lieber sterben wollen, als das Risiko einzugehen, unsterblich zu werden, da sie sehen, dass die Teufel so unglücklich sind. Und es ist der Teufel, der diese Meinungen inspiriert hat: denn es gibt kein Übel, das er nicht anrichtet, um die armen Geschöpfe daran zu hindern, durch unser Bündnis unsterblich zu werden. Insofern betrachte ich die Abneigung, die du dagegen zeigst (und das solltest auch du, mein Sohn) als eine äußerst schädliche Versuchung und als ein Zeichen von äußerst geringer Nächstenliebe.

Und was nun ihren Tod betrifft, von dem Sie sprechen: Was zwang das Orakel des Apollon dazu, zu sagen, dass alle, die Orakel sprechen, ebenso sterblich seien wie er, wie Porphyrius berichtet? Und was, glauben Sie, war die Bedeutung jener Stimme, die an der gesamten Küste Italiens zu hören war und allen, die auf dem Meer waren, so große Angst einjagte? Der Große Pan ist tot ! Sie waren die Menschen der Luft, die den Menschen des Wassers mitteilten, dass der bedeutendste und älteste aller Sylphen vor kurzem gestorben war.

Zu der Zeit, als diese Stimme gehört wurde (sagte ich zu ihm), vermute ich, dass die Welt Pan und die Nymphen anbetete und dass diese Herren , über deren Handel du mir predigst, die falschen Götter der Heiden waren. Es ist wahr, mein Sohn (antwortete er), die Weisen waren immer der Meinung, dass der Teufel nie die Macht hatte, sich anbeten zu lassen. Er ist zu unglücklich und zu schwach, um jemals dieses Vergnügen und diese Autorität gehabt zu haben. Aber er konnte die Elementarheerscharen überreden, sich den Menschen zu zeigen und die Menschen dazu bringen, ihnen Tempel zu errichten; und durch die natürliche Herrschaft, die jeder über das Element hat, das er bewohnt, bringen sie die Luft und das Meer in Aufruhr, setzen die Erde in Brand und verteilen das Feuer des Himmels, je nach Laune: insofern, dass es ihnen keine große Mühe machte, für Gottheiten gehalten zu werden, solange das souveräne Wesen die Erlösung der Welt verteilte. Doch der Teufel konnte aus seiner Bosheit nie den Nutzen ziehen, den er sich erhofft hatte. Denn von da an geschah es, dass Pan, die Nymphen und der Rest des Elementarvolkes einen Weg fanden, diesen Verkehr der Anbetung in einen Verkehr der Liebe umzuwandeln (denn Sie erinnern sich vielleicht, dass Pan bei den Alten der König jener Götter war, die sie Inkubus nannten und die immer ernsthaft die Bekanntschaft von Jungfrauen suchten). Daher sind viele Heiden dem Teufel entkommen und werden nie in der Hölle brennen.

Ich verstehe Sie nicht richtig, Sir (sagte ich). Sie haben nicht darauf geachtet, dass ich Sie verstehe (fuhr er lächelnd und in spöttischem Ton fort). Sehen Sie, was Sie übergehen! Und ebenso, was Ihre Ärzte übergehen, die nicht wissen, was diese hervorragenden Physiker meinen! Sehen Sie das große Geheimnis dieses ganzen Teils der Philosophie, der sich mit den Elementen befasst und der (wenn Sie sich selbst auch nur so wenig lieben) diese Abneigung gegen die Philosophie beseitigen wird, die Sie mir heute bezeugt haben! Wisse es also, mein Sohn, und traue dich nicht, dieses große Geheimnis irgendeinem unwürdigen Unwissenden preiszugeben. Wisse, dass, wie die Sylphen durch das Bündnis, das sie mit den vorherbestimmten Menschen eingehen, eine unsterbliche Seele erlangen , ebenso die Menschen, die kein Recht auf ewigen Ruhm haben: jene elenden Schurken, deren Unsterblichkeit nur ein beklagenswerter Vorteil ist, für die der Messias gesandt wurde –

Dann seid ihr, meine Herren der Kabale, ebenfalls Jansenisten (unterbrach ich?). Wir wissen nicht, was das ist, mein Kind (fuhr er etwas verärgert fort), und wir verschmähen es, uns darüber zu informieren, worin die verschiedenen Sekten und Religionen bestehen , über die sich die Unwissenden den Kopf zerbrechen. Wir halten uns an die alte Religion unserer Väter, der Philosophen ; es ist sehr notwendig, dass ich euch darin unterweise. Aber kommen wir wieder auf den Punkt zurück: Diese Menschen, deren traurige Unsterblichkeit nichts als ein ewiges Unglück ist; die unglücklichen Kinder, die der souveräne Vater vernachlässigt hat, haben auch diese Möglichkeit, sterblich zu werden, indem sie ein Bündnis mit diesen elementaren Menschen eingehen. Wie ihr seht, riskieren die Weisen nichts für die Ewigkeit. Wenn sie vorherbestimmt sind , haben sie das Vergnügen, die Sylphide oder Nymphe, die sie unsterblich gemacht haben, mit in den Himmel zu nehmen (wenn sie das Gefängnis dieses Körpers verlassen)! und wenn sie nicht vorherbestimmt sind, macht der Handel mit der Nymphe ihre Seele sterblich und errettet sie vor den Schrecken des zweiten Todes. So sah der Teufel, wie alle Heiden entkamen, die sich mit den Nymphen verbündeten: und so befreien sich die Weisen oder Freunde der Weisen, wenn Gott uns inspiriert, jemandem die vier elementaren Geheimnisse mitzuteilen (die ich Ihnen jetzt beigebracht habe), von der Gefahr, verdammt zu werden.

Ohne zu lügen, Sir (rief ich, da ich es nicht wagte, ihn erneut in schlechte Laune zu versetzen, und es für nötig hielt, die offene Mitteilung meiner Meinung an ihn aufzuschieben, bis ich alle Geheimnisse seiner Kabale entdeckt hätte, was, wie ich nach diesem flüchtigen Blick urteilte, sehr vergnüglich und unterhaltsam sein musste): ohne zu lügen, bringen Sie die Weisheit auf eine enorme Höhe! Und Sie hatten Grund, mir zu sagen, dass dies alle unsere Ärzte übertraf; und ich glaube, dass dies auch alle unsere Richter übertrumpft; und dass sie, wenn sie herausfinden könnten, wer diejenigen waren, die dem Teufel auf diese Weise entkamen (da Unwissenheit sehr ungerecht ist), sich im Interesse des Teufels gegen diese Flüchtlinge einsetzen und eine starke Partei für ihn bilden würden. Ja, aus diesem Grund (fuhr der Graf fort) habe ich Ihnen so streng befohlen , dieses Geheimnis streng geheim zu halten. Ihre Richter sind seltsame Leute. Sie verurteilen eine höchst unschuldige Tat als schreckliches Verbrechen. Was für eine Barbarei war es, jene beiden Priester zu verbrennen, von denen der Prinz von Miranda sagt, er habe sie gekannt, und die jeder von ihnen vierzig Jahre lang seine Sylphide hatten! Was für eine unmenschliche Tat war es, Joan Hervilles zu töten, weil sie sechsundvierzig Jahre lang daran gearbeitet hatte, einen Gnom unsterblich zu machen! Und was für ein Stück Unwissenheit war es von Bodin , sie als Hexe darzustellen; und dass er dies ausnutzen könnte, um weitverbreitete Irrtümer über angebliche Zauberer zu rechtfertigen, und zwar in einem Buch, das so unverschämt ist wie sein Gemeinwesen vernünftig ist.

Aber es ist spät, und ich glaube nicht, dass Sie noch nicht zu Abend gegessen haben. Sie meinen sich selbst, Sir (sagte ich), denn ich für meinen Teil könnte Ihnen ohne Unannehmlichkeiten bis morgen zuhören. Für mich! Ach! (antwortete er lachend und ging zum Tor), man sieht leicht, dass Sie nur wenig von Philosophie verstehen. Die Weisen essen nur zu ihrem Vergnügen und nie aus Notwendigkeit. Ich hatte eine ganz entgegengesetzte Vorstellung von Weisheit (antwortete ich), ich hatte gedacht, dass Sie Weisen nur essen sollten, um die Natur zu befriedigen. Sie werden beschimpft (sagte der Graf). Wie lange glauben Sie, können unsere Weisen ohne Essen auskommen? Woher weiß ich das? (antwortete ich), Moses und Elias haben, wie Sie wissen, vierzig Tage gefastet: Sie Weisen, da zweifle ich nicht, können es ein paar Tage weniger tun. Was für eine große Sache wäre das (antwortete er), der weiseste Mann, der je gelebt hat, der Göttliche, der beinahe anbetungswürdige Paracelsus, versichert, dass er viele der Weisen zwanzig Jahre lang fasten sah, ohne überhaupt etwas zu essen. Er selbst, bevor er die Monarchie der Weisheit erlangte, deren Zepter wir ihm zu Recht überreicht haben, würde, sage ich, viele Jahre ohne Essen leben, indem er nur einen halben Skrupel seiner Solaren Quinteszenz nähme. Und wenn Sie das Vergnügen haben würden, jemanden ohne Nahrung leben zu lassen, brauchen Sie nichts weiter zu tun, als die Erde für die Gesellschaft der Gnome vorzubereiten, wie ich Ihnen sagte, dass sie vorbereitet werden muss: Diese Erde, die auf den Nabel aufgetragen und erneuert wird, wenn sie trocken ist, wird jeden dazu bringen, ohne Essen oder Trinken zu leben, und das ohne jegliche Mühe.

Und die Anwendung dieser katholisch-kabbalistischen Medizin befreit uns viel besser von all den lästigen Zwängen, denen die Natur die Unwissenden unterwirft; wir essen nur, wenn es uns gefällt; und da all die überschüssige Nahrung durch unmerkliche Transpiration verdunstet, schämen wir uns nie, Menschen zu sein. Dort schwieg er.

In nachfolgenden Gesprächen erklärt der Graf von Gabalis seinem Gesprächspartner die Natur und die Bestrebungen der Elementargeister

weiter; er behauptet, dass nur sie und nicht die niederträchtigen Götter der
Griechen und Römer die Orakel der alten Zeit verkündeten; dass sie ständig
über den Menschen wachten, um ihm zu dienen und ihn vor dem nahenden
Bösen zu warnen. Sie waren es, die Omen schickten und ihn mit dem
Verständnis ausstatteten, sie zu deuten, und die seinen Geist mit
Vorahnungen erfüllten, wenn ihm ein großes Unglück drohte, damit er es
vielleicht vermeiden konnte. Sie schickten ihm auch Träume, um sein
Schicksal zu bestimmen. Aber „leider", fährt der Graf fort, „verstehen die
Menschen ihre Güte aus Unwissenheit falsch und weisen sie zurück. Eine
arme Sylphe wagt es kaum, sich zu zeigen, damit sie nicht für einen bösen
Kobold gehalten wird; eine Undine kann nicht versuchen, eine unsterbliche
Seele zu erlangen, indem sie einen Menschen liebt, ohne Gefahr zu laufen,
als niederträchtiges, unreines Phantom angesehen zu werden; und ein
Salamander wird, wenn er sich in seiner ganzen Pracht zeigt, für einen Teufel
gehalten und das reine Licht, das ihn umgibt, für das Höllenfeuer. Um diesen
unwürdigen Verdächtigungen vorzubeugen , bekreuzigen sie sich vergeblich,
wenn sie erscheinen, und beugen ihre Knie, wenn der göttliche Name
ausgesprochen wird. Alle ihre Bemühungen sind vergeblich. Der hartnäckige
Mensch beharrt darauf, sie als Feinde jenes Gottes zu betrachten, den sie
kennen und den sie religiöser verehren als die Menschen. Das Gebet, das Sie
von Porphyne erhalten finden und das im Tempel von Delphos zur
Erleuchtung der Heiden dargebracht wurde, war das Gebet eines
Salamanders." Kurz gesagt, ohne die Worte des Grafen von Gabalis weiter
zu zitieren, behauptete er, dass alle übernatürlichen Erscheinungen, von
denen die Geschichte jedes Zeitalters und jeder Nation voll ist, durch die
Einwirkung dieser Elementargeister erklärt werden müssten und nur so
erklärt werden könnten; dass die Taten, die Teufeln, Kobolden und Hexen
zugeschrieben wurden, die Schöpfungen eines falschen und entwürdigenden
Aberglaubens waren, der für Philosophen unwürdig war, geglaubt zu werden.
Es gab keine Teufel mit

„———Luftzungen, die Menschennamen in Silben aussprechen,
auf Sandstränden, an Küsten und in öden Wildnissen."

sondern wohltätige Geister, die Freunde des Menschen. Die *Peris* der
östlichen Romantik, die *Fées* , die *Fatas* und die Feen der europäischen
Legenden waren Namen, die die Menschen verschiedener Länder in ihrer
Unwissenheit den Sylphen gegeben hatten. Vulkan, Bacchus und Pan waren,
obwohl die Griechen es nicht wussten, Gnome; Neptun und Venus und alle
Najaden und Nereiden waren nur die Undinen der Rosenkreuzer; Apollo war
ein Salamander und Merkur eine Sylphe; und keine der Personen der
mannigfaltigen Mythologie der Griechen und Römer, die nicht einer dieser
Klassen zugeordnet werden konnte.

KAPITEL VII.

Die hermetische Romanze oder Chymische Hochzeit.

wurde in Straßburg EIN BEMERKENSWERTES Werk mit dem Titel „Der Hermetikroman oder die Chymische Hochzeit. Geschrieben in Hochholländisch von Christian Rosencreutz" veröffentlicht. Obwohl dieses Buch erst im oben genannten Jahr veröffentlicht wurde, soll es bereits einige Zeit zuvor als Manuskript existiert haben, nämlich bereits im Jahr 1601. Damit ist es das älteste noch existierende Buch der Rosenkreuzer. Ein moderner Autor sagt: Die gesamte Rosenkreuzer-Kontroverse dreht sich um diese Veröffentlichung, die Buhle als komischen Roman von außergewöhnlichem Talent beschreibt.

Aufgrund seiner Wichtigkeit müssen wir einige längere Auszüge aus der Übersetzung von E. Foxcroft vom King's College in Cambridge aus dem Jahr 1690 anfertigen. Sie ist in Kapitel unterteilt , die als Tage bezeichnet und von eins bis sieben markiert sind.

Der erste Tag.

An einem Abend vor Ostern saß ich an einem Tisch und hatte (wie es meine Gewohnheit war) in meinem demütigen Gebet ausreichend mit meinem Schöpfer gesprochen und über viele große Geheimnisse nachgedacht (von denen mir seine Majestät der Vater des Lichts nicht wenige gezeigt hatte) und war nun bereit, in meinem Herzen zusammen mit meinem geliebten Osterlamm einen kleinen ungesäuerten, unbefleckten Kuchen zuzubereiten; auf einmal erhob sich ein so schrecklicher Sturm, dass ich nichts anderes im Sinn hatte, als dass durch seine gewaltige Kraft der Hügel, auf dem mein kleines Haus gegründet war, in Stücke fliegen würde. Aber da dies und Ähnliches vom Teufel (der mir schon viel Böses angetan hatte) für mich nichts Neues war, fasste ich Mut und verharrte in meiner Meditation, bis mich jemand (auf ungewöhnliche Weise) am Rücken berührte; woraufhin ich so sehr erschrocken war, dass ich mich kaum umzusehen wagte; doch zeigte ich mich so fröhlich, wie es (bei solchen Vorkommnissen) menschliche Schwäche zuließ. Nun zuckte mich dasselbe noch mehrmals am Mantel, ich schaute zurück und siehe, es war eine schöne und herrliche Dame , deren Gewänder ganz himmelsfarben und seltsamerweise (wie der Himmel) mit goldenen Sternen übersät waren. In ihrer rechten Hand trug sie eine Trompete aus geschlagenem Gold, in die ein Name eingraviert war (den ich gut lesen konnte), den ich aber noch nicht verraten darf. In ihrer linken Hand hatte sie ein großes Bündel Briefe in allen Sprachen, die sie (wie ich später erfuhr) in alle Länder tragen sollte. Sie hatte auch große und schöne Flügel, die voller Augen waren, mit denen sie hoch in die Höhe steigen und schneller fliegen konnte als jeder Adler. Ich hätte sie vielleicht noch weiter beachtet, aber weil sie so kurz bei mir blieb und ich immer noch von Schrecken und Erstaunen erfüllt war, war ich gern zufrieden. Denn sobald ich mich umdrehte, drehte sie ihre Briefe um und zog schließlich einen kleinen heraus, den sie mit großer Ehrfurcht auf den Tisch legte und ohne ein Wort zu sagen von mir ging. Doch als sie aufstieg, stieß sie so laut auf ihre prächtige Trompete, dass der ganze Hügel davon widerhallte und ich eine ganze Viertelstunde danach kaum meine eigenen Worte hören konnte.

Bei diesem unerwarteten Abenteuer wusste ich nicht, wie ich meinem armen Ich raten oder helfen sollte, und so stürzte ich mich auf kneesmeinen Schöpfer und flehte ihn an, nichts zuzulassen, was meinem ewigen Glück zuwiderliefe. Daraufhin ging ich voller Furcht und Zittern zu dem Brief, der jetzt so schwer war, denn wäre er bloßes Gold gewesen, hätte er kaum so schwer sein können. Als ich ihn nun genauer betrachtete, fand ich ein kleines Siegel, in das ein seltsames Kreuz mit der Aufschrift IN HOC SIGNO VINCES eingraviert war.

Als ich dieses Zeichen erblickte, war ich umso getröstet, da ich nicht unwissend war, dass ein solches Siegel wenig annehmbar und für den Teufel noch weniger nützlich war. Daraufhin öffnete ich den Brief zärtlich und fand darin auf einem azurblauen Feld in goldenen Buchstaben die folgenden Verse geschrieben:

Heute, heute, heute, heute
ist die königliche Hochzeit. Bist du von Geburt an dazu geneigt und zur Freude Gottes bestimmt, dann kannst du zum Berg gehen, auf dem drei stattliche Tempel stehen, und von dort alles von einem Ende zum anderen sehen.
Halte Wache und achte auf
dich selbst; wenn du nicht mit Sorgfalt badest, kannst du die Hochzeit nicht gefahrlos retten: Wer hier Verzögerungen hat, wird Schaden nehmen, lass ihn aufpassen, das wiegt zu leicht.

Darunter standen Sponsus und Sponsa.

Sobald ich diesen Brief gelesen hatte, war ich kurz davor, ohnmächtig zu werden, alle meine Haare standen zu Berge und kalter Schweiß rann mir über den ganzen Körper. Denn obwohl ich klar erkannte, dass dies die festgesetzte Hochzeit war, von der ich vor sieben Jahren in einer körperlichen Vision erfahren hatte und der ich nun schon so lange mit großem Ernst beiwohnte und die ich schließlich nach der Berechnung der Planeten mit größter Sorgfalt beobachtet hatte, konnte ich doch nie vorhersehen, dass sie unter so schweren und gefährlichen Bedingungen stattfinden würde. Denn während ich mir vorher vorstellte, dass ich, um ein willkommener und angenehmer

Gast zu sein, nur bereit sein musste, bei der Hochzeit zu erscheinen, wurde ich jetzt auf die göttliche Vorsehung verwiesen, deren ich bis zu diesem Zeitpunkt nie sicher war. Je mehr ich mich selbst untersuchte, desto mehr stellte ich fest, dass in meinem Kopf nichts als grobes Missverständnis und Blindheit gegenüber mysteriösen Dingen herrschten, so dass ich nicht einmal die Dinge verstehen konnte, die unter meinen Füßen lagen und mit denen ich mich täglich unterhielt, geschweige denn, dass ich dazu geboren sein sollte, die Geheimnisse der Natur zu erforschen understanding; denn meiner Meinung nach könnte die Natur überall einen *tugendhafteren* Schüler finden, dem sie ihre wertvollen, wenn auch vorübergehenden und veränderlichen Schätze anvertrauen könnte. Ich stellte auch fest, dass mein körperliches Verhalten, mein äußerlich guter Umgang und meine brüderliche Liebe gegenüber meinem Nächsten nicht gebührend gereinigt und geläutert waren. Darüber hinaus zeigte sich die Lust am Fleisch, dessen Neigung nur auf Prunk und Tapferkeit und weltlichen Stolz gerichtet war und nicht auf das Wohl der Menschheit. Und ich dachte immer darüber nach, wie ich durch diese Kunst in kurzer Zeit meinen Gewinn und Vorteil beträchtlich steigern, stattliche Paläste errichten, mir einen ewigen Namen in der Welt machen und andere ähnliche fleischliche Bestrebungen verfolgen könnte. Aber die dunklen Worte über die Drei Tempel machten mir besonders zu schaffen, da ich sie durch keine nachträgliche Spekulation verstehen konnte und vielleicht auch heute nicht verstehen würde, wenn sie mir nicht auf wunderbare Weise offenbart worden wären. So schwankte ich zwischen Hoffnung und Furcht, prüfte mich immer wieder selbst und erkannte meine eigene Gebrechlichkeit und Ohnmacht, war in keiner Weise in der Lage, mir selbst zu helfen, und war über die oben erwähnte Drohung äußerst erstaunt. Schließlich begab ich mich auf meinen üblichen und sichersten Weg. Nachdem ich mein ernstes und inbrünstigstes Gebet beendet hatte, legte ich mich in mein Bett, damit mein guter Engel mit göttlicher Erlaubnis erscheinen und (wie es früher geschehen war) mich in dieser zweifelhaften Angelegenheit unterweisen könnte, die nun ebenfalls zum Lob Gottes, zu meinem eigenen Wohl und zur herzlichen und treuen Warnung und Besserung meines Nächsten ausfiel. Denn kaum war ich eingeschlafen, als ich, wie es mir schien, zusammen mit einer zahllosen Schar von Männern, mit großen Ketten gefesselt, in einem dunklen Kerker lag, wo wir, ohne den geringsten Lichtschein, wie Bienen übereinander schwärmten und uns so gegenseitig das Leid noch schwerer machten. Doch obwohl weder ich noch einer der anderen auch nur ein Jota sehen konnte, hörte ich doch immer wieder, wie sich einer über den anderen hob, wenn seine Ketten oder Fesseln auch nur ein kleines bisschen leichter wurden, obwohl keiner von uns viel Grund hatte, den anderen hochzustoßen, da wir alle elende Gefangene waren. Da ich nun mit den anderen eine ganze Weile in diesem Leid verharrte und jeder dem anderen immer noch seine Blindheit und Gefangenschaft vorwarf, hörten wir schließlich viele Trompeten gleichzeitig erklingen und Pauken so künstlich dazu schlagen, dass es uns sogar in unserem Unglück wieder auflebte und erfreute.

Während dieses Lärms wurde von oben die Decke des Kerkers angehoben und ein wenig Licht zu uns herabgelassen. Da hätte man erst das Treiben, das wir hielten, wirklich wahrnehmen können, denn alle gingen hin und her, und wer sich vielleicht zu sehr hochgewälzt hatte, wurde wieder unter die Füße der anderen gedrückt. Kurz, jeder versuchte, oben zu sein, und ich selbst zögerte nicht, sondern rutschte mit meinen schweren Fesseln unter den anderen hervor und hievte mich dann auf einen Stein, den ich festhielt; allerdings wurde ich mehrmals von anderen gepackt, vor denen ich mich jedoch, so gut ich konnte, mit Händen und Füßen schützte. Denn wir dachten nichts anderes, als dass wir alle freigelassen würden, was jedoch ganz anders geschah. Denn nachdem die Adligen, die von oben durch das Loch auf uns herabblickten, sich eine Weile an unserem Kämpfen und Wehklagen erholt hatten, rief uns ein gewisser uralter Mann mit grauem Haar zu, wir sollten still sein, und als er uns kaum Ruhe gegeben hatte, begann er (soweit ich mich noch erinnere) folgendermaßen zu sagen:

Wenn die elende Menschheit
sich selbst nicht so hochhalten würde ,
dann würde meine rechtschaffene Mutter ihnen sicherlich viel Gutes
zukommen lassen .
Aber da dies nicht der Fall ist, müssen sie in Sorge und Kummer bereuen und
weiterhin im Gefängnis liegen. Meine liebe Mutter wird jedoch
ihre Torheiten übersehen und
ihre erlesensten Gaben zulassen, dass noch zu viel im Licht steht. Obwohl es sehr selten den Anschein hat,
dass sie noch eine gewisse Wertschätzung behalten können ,
die sonst als Fälschung gelten würde. Deshalb feiern wir heute zu Ehren des Festes eine Feier, damit ihre Gnade zunimmt. Sie wird sich eine gute Tat ausdenken. Denn jetzt wird ein Seil herabgelassen, und wer sich daran hängen kann,
wird freigelassen.

Er hatte kaum zu Ende gesprochen, als eine alte Matrone ihren Dienern befahl, den Strick siebenmal in den Kerker hinabzulassen und jeden herauszuziehen, der daran hängen konnte. Guter Gott! Ich könnte die Eile und Unruhe, die dann unter uns entstand, hinreichend beschreiben, denn jeder versuchte, an den Strick zu kommen, und behinderte sich doch nur gegenseitig. Aber nach sieben Minuten wurde durch eine kleine Glocke ein Zeichen gegeben, worauf die Diener beim ersten Ziehen vier heraufzogen. Zu diesem Zeitpunkt konnte ich dem Strick nicht weit nahe kommen, da ich mich zu meinem großen Unglück an einen Stein an der Wand des Kerkers begeben musste und dadurch nicht an den Strick gelangen konnte, der in der Mitte herabstieg. Der Strick wurde zum zweiten Mal herabgelassen, aber einige konnten den Strick nicht festhalten, weil ihre Ketten zu schwer und ihre Hände zu weich waren, sondern schlugen mit sich selbst manchen anderen nieder, der vielleicht sonst fest genug gehalten hätte; ja mancher wurde von einem anderen gewaltsam heruntergerissen, der selbst jedoch nicht herankam; Wir waren gegenseitig neidisch, sogar in diesem unserem großen Elend. Aber sie erregten mein Mitleid am meisten, weil ihr Gewicht so schwer war, dass sie ihre Hände vom Körper rissen und doch nicht aufstehen konnten. So kam es, dass bei diesen fünf Malen nur sehr wenige hochgezogen wurden. Denn sobald das Zeichen gegeben wurde, waren die Diener beim Trank so flink, dass die meisten übereinander stolperten und das Seil, besonders dieses Mal, sehr leer hochgezogen wurde. Daraufhin verzweifelten die meisten und sogar ich selbst an der Erlösung und riefen Gott an, er möge sich unser erbarmen und uns (wenn möglich) aus dieser Dunkelheit befreien, der dann auch einige von uns erhörte: denn als das Seil das sechste Mal herunterkam, hingen sich einige von ihnen fest daran, und während das Seil beim Hochziehen von einer Seite zur anderen schwang, kam es (vielleicht durch Gottes Willen) zu mir, das ich plötzlich ergriff, über alle anderen hinwegkam und so schließlich hoffnungslos herauskam; worüber ich mich außerordentlich freute, so dass ich die Wunde, die ich mir beim Hochziehen von einem scharfen Stein am Kopf zugezogen hatte, erst bemerkte, als ich mit den anderen, die freigelassen wurden (wie es immer zuvor getan wurde), beim siebten und letzten Zug helfen musste, wobei mir durch das Pressen das Blut über die ganze Kleidung lief, was ich jedoch vor Freude nicht bemerkte. Als nun der letzte Zug, an dem der größte Teil von allen hing, beendet war, ließ die Oberin den Strick weglegen und befahl ihrem alten Sohn (worüber ich mich sehr wunderte), den übrigen Gefangenen ihren Entschluss mitzuteilen, der, nachdem er ein wenig nachgedacht hatte, folgendermaßen zu ihnen sprach:

Ihr lieben Kinder,
alle hier anwesend, was erst jetzt abgeschlossen und getan ist, wurde schon lange vorher beschlossen: Was auch immer meine Mutter mit großer Güte jedem auf beiden Seiten hier gezeigt hat
, darf niemals unzufrieden verlegt werden; die freudige Zeit naht, wenn alle gleich sein werden,
keiner reich, keiner arm.
Wer auch immer große Aufträge erhält,
hat genug Arbeit, um seine Hände zu füllen. Wer auch immer viel Vertrauen hatte, ist gut dran, wenn er seine Haut retten kann.
Deshalb hört eure Klagen auf,
was bedeutet, ein paar Tage zu warten.

Sobald er die Worte beendet hatte, wurde der Deckel wieder aufgesetzt und verschlossen, und die Trompete und die Pauken begannen von neuem, doch konnte der Lärm nicht so laut sein, dass das bittere Wehklagen der Gefangenen, das im Kerker aufkam, alles übertönte, was mir bald auch die Augen überlaufen ließ. Kurz darauf setzte sich die alte Matrone zusammen mit ihrem Sohn auf die vorbereiteten Sitze und befahl, den Erlösten Bescheid zu sagen . Sobald sie nun die Zahl verstanden und auf eine goldgelbe Tafel geschrieben hatte, verlangte sie die Namen eines jeden, die auch auf einem kleinen Pagen aufgeschrieben wurden ; nachdem sie uns alle nacheinander betrachtet hatte, seufzte sie und sprach mit ihrem Sohn, so dass ich sie gut hören konnte. „Ach? Wie sehr trauere ich um die armen Männer im Kerker! Ich wollte bei Gott, ich würde sie alle freilassen", worauf ihr Sohn antwortete: „Es ist, Mutter, so von Gott bestimmt, gegen den wir nicht streiten dürfen." Wenn wir alle Herren wären und alle Güter der Erde besäßen und bei Tisch säßen, wer wäre dann da, um den Gottesdienst zu leiten?' Daraufhin schwieg seine Mutter, sagte aber bald darauf: ,Gut, aber diese sollen von ihren Fesseln befreit werden.' Was ebenfalls sofort geschah, und ich war, mit Ausnahme einiger weniger, der Letzte. Dennoch konnte ich mich nicht zurückhalten, sondern verneigte mich (obwohl ich die anderen noch ansah) vor der alten Matrone und dankte Gott, dass er mich durch sie gnädig und väterlich aus solcher Dunkelheit ins Licht geführt hatte. Nach mir taten die anderen dasselbe zur Zufriedenheit der Matrone. Zuletzt erhielt jeder ein Goldstück zur Erinnerung, das er unterwegs ausgeben sollte. Auf der einen Seite war die aufgehende Sonne eingeprägt, auf der anderen (soweit ich mich erinnere) diese drei Buchstaben DLS. Damit hatte jeder die Erlaubnis, zu gehen, und wurde seinen eigenen Geschäften nachgehen geschickt, mit der beigefügten Mitteilung, dass wir zur Ehre Gottes unseren Nächsten etwas Gutes tun und das, was uns anvertraut worden war, stillschweigend aufbewahren sollten, was wir auch zu tun versprachen, und so trennten wir uns voneinander. Aber wegen der Wunden, die mir die Fesseln zugefügt hatten, konnte ich nicht gut vorwärtsgehen, sondern hinkte auf beiden Füßen, was die Matrone sofort bemerkte, darüber lachte und mich wieder zu sich rief und zu mir sagte: Mein Sohn, lass dich nicht von diesem Gebrechen quälen, sondern erinnere dich an deine Gebrechen und danke damit Gott, der dir erlaubt hat, selbst in dieser Welt und im Zustand deiner Unvollkommenheit in ein so hohes Licht zu treten und diese Wunden um meinetwillen zu behalten. Daraufhin begannen die Posaunen wieder zu ertönen, was mich so erschreckte, dass ich aufwachte und dann zum ersten Mal erkannte, dass es nur ein Traum war, der sich jedoch so stark in meine Vorstellungskraft einprägte, dass ich immer noch ständig darüber beunruhigt war und mir vorkam, als ob ich die Wunden an meinen Füßen noch spürte. Aus all diesen Dingen verstand ich jedoch gut, dass Gott es zugelassen hatte, dass ich bei dieser geheimnisvollen und verborgenen Hochzeit anwesend war; Deshalb dankte ich seiner göttlichen Majestät mit kindlichem Vertrauen und bat ihn, dass er mich weiterhin in dieser Furcht bewahren, mein Herz täglich mit Weisheit und Verständnis erfüllen und mich schließlich gnädig (ohne mein Verdienst) zum gewünschten Ziel führen möge. Hierauf bereitete ich mich auf den Weg vor, zog meinen weißen Leinenmantel an, gürtete meine Lenden mit einem blutroten Band, das ich kreuzweise über meine Schulter gebunden hatte; in meinen Hut steckte ich vier rote Rosen, damit ich durch dieses Zeichen in der Menge eher bemerkt würde. Als Nahrung nahm ich Brot, Salz und Wasser mit, die ich auf Anraten einer verständnisvollen Person zu bestimmten Zeiten nicht ohne Nutzen bei ähnlichen Vorkommnissen verwendet hatte. Bevor ich meine Hütte verließ, fiel ich zunächst in diesem Kleid und Hochzeitsgewand auf meine Knie und flehte Gott an, dass er mir in diesem Fall einen guten Ausgang gewähren möge. Und daraufhin schwor ich in der Gegenwart Gottes, dass ich, wenn mir durch seine Gnade etwas offenbart werden sollte, es weder zu meiner eigenen Ehre noch zu meiner Autorität in der Welt verwenden würde, sondern zur Verbreitung seines Namens und zum Dienst an meinem Nächsten. Und mit diesem Schwur und guter Hoffnung verließ ich voller Freude meine Zelle.

Der zweite Tag.

Ich war kaum aus meiner Zelle in einen Wald gekommen, als mir schien, der ganze Himmel habe sich bereits für diese Hochzeit geschmückt, denn selbst die Vögel sangen meiner Meinung nach angenehmer als zuvor, und die jungen Rehkitze hüpften so fröhlich, dass sie mein altes Herz erfreuten und mich zum Singen bewegten. Endlich erspähte ich eine seltsame grüne Heide, wohin ich mich aus dem Wald begab. Auf der Heide standen drei hohe Zedern, an einer davon war eine Tafel befestigt, auf der eine seltsame Schrift stand, die demjenigen, der etwas über die Hochzeit des Königs gehört hatte, vier Wege anbot, die alle zum königlichen Hof führten. Der Leser wurde ermahnt , sich für einen zu entscheiden und dabei zu verharren, wobei er gleichzeitig vor den Gefahren gewarnt wurde, denen er sich aussetzen würde. Sobald ich diese Schrift gelesen hatte, war meine ganze Freude fast wieder verschwunden, und ich, der ich vorher fröhlich gesungen hatte, begann nun innerlich zu klagen, denn obwohl ich alle drei Wege vor mir sah und verstand, dass es mir von nun an gestattet war, einen von ihnen zu wählen, beunruhigte es mich doch, dass ich, wenn ich den stürmischen und steinigen Weg wählte, einen elenden und tödlichen Sturz erleiden könnte; oder wenn ich den langen Weg wählte, könnte ich durch Nebenwege davon abkommen oder auf der großen Reise anderweitig aufgehalten werden. Ich wagte auch nicht zu hoffen, dass ich derjenige sein würde, der den königlichen Weg wählen würde. Ich sah auch den vierten vor mir, aber er war so von Feuer und

Ausdünstungen umgeben, dass ich mich nicht an ihn heranwagte, und überlegte daher immer wieder, ob ich umkehren oder einen der vor mir liegenden Wege nehmen sollte. Ich zog sofort mein Brot heraus und schnitt eine Scheibe davon ab, die eine schneeweiße Taube, die ich nicht kannte und die auf dem Baum saß, erspähte und daraufhin herunterkam und sich mir sehr vertraut näherte, der ich bereitwillig mein Essen gab, das sie annahm und mich so mit ihrer Schönheit wieder ein wenig erfrischte. Aber sobald ihr Feind, ein schwarzer Rabe, es bemerkte, stürzte er sich geradewegs auf die Taube und musste, ohne mich zu beachten, das Fleisch der Taube wegdrängen, die sich nur durch Flucht schützen konnte; woraufhin sie beide zusammen nach Süden flogen, worüber ich so sehr erzürnt und betrübt war, dass ich, ohne nachzudenken, dem schmutzigen Raben nacheilte und so gegen meinen Willen eine ganze Feldlänge weit auf einen der vorgenannten Wege lief, und als der Rabe verjagt und die Taube befreit wurde, bemerkte ich zum ersten Mal, was ich unüberlegt getan hatte, und dass ich bereits auf einem Weg war, von dem ich mich unter der Gefahr einer großen Strafe nicht zurückziehen durfte, und obwohl ich noch einigermaßen etwas hatte, womit ich mich trösten konnte, war das Schlimmste für mich, dass ich meinen Beutel und mein Brot am Baum zurückgelassen hatte und sie nie wieder zurückholen konnte. Endlich erspähte ich auf einem hohen Hügel in der Ferne ein stattliches Portal, zu dem ich eilte, ohne darauf zu achten, wie weit es entfernt war, denn die Sonne hatte sich bereits hinter den Hügeln versteckt und ich konnte anderswo keinen Aufenthaltsort erspähen, und das schreibe ich wahrlich nur Gott zu, der mir wohl erlaubt haben mag, auf diesem Weg weiterzugehen und meine Augen zu halten, damit ich neben dieses Tor hätte blicken können, zu dem ich nun mächtig eilte und es bei so viel Tageslicht erreichte, dass ich es mir sehr gut ansehen konnte. Nun war es ein überaus königliches, schönes Portal. Sobald ich darunter war, trat einer in einer himmelfarbenen Kutte hervor, den ich freundlich grüßte, und obwohl er ihn dankbar erwiderte, verlangte er sofort meinen Einladungsbrief von mir. O, wie froh war ich, dass ich ihn damals mitgebracht hatte. Ich überreichte ihn ihm schnell, womit er nicht nur zufrieden war, sondern mir auch großen Respekt erwies und sagte: „Komm herein, mein Bruder, du bist mir ein willkommener Gast." und bat mich bei allem, ihm meinen Namen nicht vorzuenthalten. Als ich nun antwortete, dass ich ein Bruder des Rot-Rosen-Kreuzes sei, wunderte er sich und schien sich darüber zu freuen, und fuhr dann folgendermaßen fort: Mein Bruder, hast du nichts bei dir, womit du ein Zeichen kaufen könntest? Ich antwortete, meine Fähigkeit sei gering, aber wenn er etwas bei mir sähe, was er wollte, stünde es ihm zu Diensten. Nachdem er mich nun um meine Flasche Wasser gebeten hatte und ich sie ihm gewährte, gab er mir ein goldenes Zeichen, auf dem nichts weiter stand als diese beiden Buchstaben SC, und bat mich, dass ich mich an ihn erinnern würde, wenn es mir gute Dienste leisten würde. Danach fragte ich ihn, wie viele vor mir hineingekommen waren, was er mir auch sagte, und schließlich gab er mir aus reiner Freundschaft einen versiegelten Brief an den zweiten Pförtner. Nachdem ich nun einige Zeit bei ihm verweilt hatte, brach die Nacht herein, woraufhin sofort ein großes Leuchtfeuer am Tor abgefeuert wurde , damit er, falls noch jemand auf dem Weg war, dorthin eilen konnte. Nachdem ich genügend Informationen und nützliche Anweisungen erhalten hatte, verließ ich schließlich freundlich den ersten Pförtner. Unterwegs hätte ich zwar gern gewusst, was in meinem Brief stand, aber da ich keinen Grund hatte, dem Pförtner zu misstrauen, ließ ich von meinem Vorhaben ab und setzte meinen Weg fort, bis ich ebenfalls zum zweiten Tor kam, das zwar dem anderen sehr ähnlich war, aber dennoch mit Bildern und mystischen Bedeutungen geschmückt war. Unter diesem Tor lag ein furchterregender, grimmiger Löwe, angekettet, der, sobald er mich erblickte, aufstand und mit lautem Gebrüll auf mich losging. Daraufhin erwachte der zweite Pförtner, der auf einem Marmorstein lag, und wollte, dass ich nicht beunruhigt oder erschreckt würde. Dann trieb er den Löwen zurück, und nachdem er den Brief erhalten hatte, den ich ihm zitternd überreichte, las er ihn und sprach mit sehr großem Respekt zu mir: Nun, komm in Gottes Namen zu mir, der Mann, den ich seit langem gerne gesehen hätte. Inzwischen zog er auch ein Zeichen hervor und fragte mich, ob ich es kaufen könne. Da ich aber nichts anderes hatte als mein Salz, überreichte ich es ihm, und er nahm es dankbar an. Auf diesem Zeichen standen wiederum nur zwei Buchstaben, nämlich SM. Als ich gerade im Begriff war, mit ihm ins Gespräch zu kommen, begann es im Schloss zu läuten, woraufhin mir der Pförtner riet, schnell zu laufen, sonst wären alle Mühen und Anstrengungen, die ich bisher auf mich genommen hatte, umsonst, denn die Lichter oben begannen alle auszulöschen; woraufhin ich mich mit solcher Eile beeilte, dass ich nicht auf den Pförtner achtete, in solcher Angst war ich, und es war wirklich nur notwendig, denn ich konnte nicht so schnell laufen, ohne dass die Jungfrau, hinter der alle Lichter ausgelöscht wurden, mir auf den Fersen gewesen wäre, und ich hätte den Weg nie gefunden, wenn sie mir nicht mit ihrer Fackel etwas Licht gegeben hätte. Ich war auch genöthigt, das nächste zu betreten, und das Tor wurde so plötzlich zugeschlagen, daß ein Teil meines Mantels verschlossen wurde, den ich wahrlich zurücklassen mußte, denn weder ich noch die, die draußen bereitstanden und am Tor riefen, konnten den Pförtner bewegen, es wieder zu öffnen, aber er übergab die Schlüssel der Jungfrau, die sie mit in den Hof nahm. Unter diesem Tor sollte ich wieder meinen Namen angeben, der diesmal in ein kleines Pergamentbuch geschrieben und sogleich mit dem übrigen an den Herrn Bräutigam geschickt wurde. Hier war es, wo ich zum erstenmal das wahre Gastzeichen erhielt, das etwas kleiner war als das vorige, aber doch viel schwerer; darauf standen drei Buchstaben SPN. Außerdem wurde mir ein neues Paar Schuhe gegeben , denn der Boden des Schlosses war mit reinem, glänzendem Marmor ausgelegt; meine alten Schuhe sollte ich einem der Armen geben, die in Scharen unter dem Tor saßen. Zwei Pagen mit ebenso vielen Fackeln führten mich dann in ein kleines Zimmer; dort forderten sie mich auf, mich auf eine Bank zu setzen, was ich auch tat, aber sie steckten ihre Fackeln in zwei Löcher im Pflaster, gingen fort und ließen mich allein. Bald darauf hörte ich ein Geräusch, sah aber nichts, und es stellte sich heraus, dass es gewisse Männer waren, die über mich stolperten; aber da ich nichts sehen konnte, wollte ich es ertragen und abwarten, was sie mit mir machen würden, aber als ich bald erkannte, dass es Friseure waren, flehte ich sie an, mich nicht so zu belästigen, denn ich war zufrieden, zu tun, was sie wollten, woraufhin sie mich schnell gehen ließen, und so schnitt einer von ihnen mir fein und sanft die Haare rundherum vom Scheitel ab, aber auf meiner Stirn, meinen Ohren und Augen ließ er meine grauen Locken hängen.

Bei dieser ersten Begegnung war ich nahe daran, zu verzweifeln, denn da einige von ihnen mich so heftig stießen und ich dennoch nichts sehen konnte, konnte ich nur denken, dass Gott mir aus Neugier eine Fehlgeburt zugestanden hatte. Nun sammelten diese unsichtbaren Friseure sorgfältig die abgeschnittenen Haare auf und nahmen sie mit sich. Danach traten die beiden Pagen wieder ein und lachten herzlich über mich, weil ich so erschrocken war. Doch sie hatten kaum ein paar Worte mit mir gesprochen, als wieder eine kleine Glocke zu läuten begann, die zum Versammlungsbeginn ankündigen sollte, worauf sie mich aufstehen ließen und mir durch viele Gänge, Türen und Wendeltreppen ein Licht in eine geräumige Halle warf. In diesem Raum befand sich eine große Menge von Gästen, Kaisern, Königen, Fürsten und Herren, Edelleute und Unedle, Reiche und Arme und alle möglichen Leute, worüber ich mich sehr wunderte und bei mir dachte: Ach, was für ein ekelhafter Narr bist du gewesen, dich mit so viel Bitterkeit und Mühe auf diese Reise einzulassen, wo doch sogar jene Leute hier sind, die du gut kennst und die du doch nie zu schätzen hattest. Sie sind jetzt alle hier, und du bist mit all deinen Gebeten und Flehen kaum endlich hineingekommen. Dies und mehr hat der Teufel damals eingebracht, den ich trotzdem (so gut ich konnte) ans Ziel brachte. In der Zwischenzeit sprach der eine oder andere meiner Bekannten hier und da zu mir: Oh, Bruder Rosencreutz! Bist du auch hier? Ja, meine Brüder, antwortete ich, die Gnade Gottes hat mir auch hineingeholfen; worauf sie mächtig lachten und es als lächerlich ansahen, dass man bei so einer unbedeutenden Gelegenheit Gott brauchen sollte. Nachdem ich nun jeden von ihnen nach seinem Weg gefragt hatte und festgestellt hatte, dass die meisten gezwungen waren, über die Felsen zu klettern, begannen gewisse Trompeten (von denen wir keine sahen) zum Tisch zu blasen, woraufhin sich alle hinsetzten, jeder, wie er sich für besser hielt als die anderen, so dass für mich und einige andere armselige Kerle kaum noch ein kleiner Winkel am untersten Tisch übrig war. Bald traten die beiden Pagen ein, und einer von ihnen sprach das Tischgebet;

danach wurde das Essen hereingebracht, und obwohl man nichts sehen konnte, war doch alles so ordentlich, dass es mir vorkam, als hätte jeder Gast seinen richtigen Diener gehabt. Nachdem meine Künstler sich nun etwas erholt hatten und der Wein ein wenig die Scham aus ihren Herzen vertrieb, begannen sie sofort, mit ihren Fähigkeiten zu prahlen und zu prahlen. Einer wollte dies beweisen, ein anderer das, und gewöhnlich machten die armseligsten Idioten den lautesten Lärm. Ach, wenn ich daran denke, welche übernatürlichen und unmöglichen Unternehmungen ich damals hörte, bin ich immer noch bereit, mich darüber zu übergeben. Kurz gesagt, sie hielten sich nie an ihre Ordnung, sondern wenn sich ein Schurke hier, ein anderer dort zwischen die Adligen drängen konnte, dann behaupteten sie, sie hätten solche Abenteuer zu Ende gebracht, wie weder Sampson noch Herkules mit all ihrer Kraft jemals hätten vollbringen können. Dies würde Atlas von seiner Last befreien; der andere würde den dreiköpfigen Cerberus wieder aus der Hölle holen. Kurz gesagt, jeder hatte sein eigenes Geschwätz, und doch waren die großen Herren so einfältig, dass sie ihren Vorwänden Glauben schenkten, und die Schurken so dreist, dass sie, obwohl der eine oder andere von ihnen hier und da mit einem Messer auf die Finger geschlagen wurde, dennoch nicht davor zurückschreckten, aber wenn jemand vielleicht eine Goldkette gestohlen hatte, dann wagten alle, dasselbe zu tun. Ich sah einen, der das Rauschen des Himmels hörte. Der zweite konnte Platons Ideen sehen. Ein dritter konnte Demokrits Atome zählen. Es gab auch nicht wenige, die das Perpetuum mobile vortäuschten. Mancher (meiner Meinung nach) hatte ein gutes Verständnis, aber er nahm zu viel für sich selbst an, zu seinem eigenen Verderben. Schließlich gab es auch einen, der uns ohne weiteres davon überzeugen musste, dass er die Diener sah, die dort dienten, und der seine Behauptung noch weiter verfolgt hätte, wenn ihm nicht einer dieser unsichtbaren Kellner einen so schönen Schlag auf seine lügnerische Schnauze verpasst hätte, dass nicht nur er, sondern viele, die neben ihm standen, so stumm wie Mäuse wurden. Aber am meisten gefiel mir, dass alle, die ich schätzte, sehr ruhig bei ihrer Arbeit waren und kein lautes Geschrei machten, sondern sich als *missverstandene* Menschen zugaben, denen die Geheimnisse der Natur zu hoch und sie selbst viel zu klein waren. In diesem Tumult hätte ich den Tag, an dem ich hierher kam, beinahe verflucht, denn ich konnte nicht anders, als mit Angst zu sehen, dass diese lüsternen, eitlen Leute oben am Tisch waren, aber ich konnte an einem so traurigen Ort nicht in Frieden ruhen, da einer dieser Schurken mich verächtlich als bunten Narren tadelte. Nun dachte ich nicht, dass noch ein Tor dahinter war, durch das wir gehen mussten, sondern stellte mir vor, ich würde während der ganzen Hochzeit in dieser Verachtung, Geringschätzung und Demütigung verharren, die ich doch zu keiner Zeit verdient hatte, weder von dem Herrn Bräutigam noch von der Braut, und deshalb (meiner Meinung nach) hätte er gut daran getan, sich einen anderen Narren für seine Hochzeit zu suchen als mich. Siehe, zu solcher Ungeduld bringt die Ungerechtigkeit dieser Welt einfache Herzen. Aber dies war wirklich ein Teil meiner Lahmheit, von der ich träumte. Und wahrlich, dieses Geschrei nahm umso mehr zu, je länger es dauerte. Denn es gab bereits solche, die sich falscher und eingebildeter Visionen rühmten und uns von offensichtlich lügnerischen Träumen überzeugen wollten. Nun saß neben mir ein sehr feiner, ruhiger Mann, der oft über ausgezeichnete Dinge sprach. Schließlich sagte er: Siehe, mein Bruder, wenn jetzt jemand käme, der bereit wäre, diese blockartigen Leute auf die richtige Weise zu unterweisen, würde er gehört werden? Nein, wahrlich, antwortete ich. Die Welt, sagte er, ist nun entschlossen (was auch immer auf sie zukommt), sich betrügen zu lassen, und kann es nicht ertragen, denen Gehör zu schenken, die ihr Gutes im Sinn haben. Siehst du auch diesen Gecken, mit welchen wunderlichen Figuren und albernen Einbildungen er andere anlockt? Da macht man den Leuten mit unerhörten, geheimnisvollen Worten das Maul auf. Doch glaube mir, die Zeit kommt jetzt, wenn diese schändlichen Vizards ausgeraubt werden, und die ganze Welt wird wissen, welche vagabundierenden Betrüger sich hinter ihnen versteckten. Dann wird vielleicht das geschätzt, was gegenwärtig nicht geschätzt wird. Dann begann in der Halle eine so ausgezeichnete und stattliche Musik, wie ich sie in meinem ganzen Leben noch nie gehört habe. Nach einer halben Stunde hörte diese Musik auf. Kurz darauf begann ein lautes Geräusch von Pauken , Trompeten usw. Die Tür öffnete sich von selbst und viele tausend kleine Kerzen kamen in die Halle, die alle in einer so genauen Ordnung marschierten, dass wir völlig erstaunt waren, bis schließlich die beiden zuvor erwähnten Pagen mit hellen Fackeln die Halle betraten und eine wunderschöne Jungfrau anzündeten, die alle auf einem herrlich vergoldeten, triumphierenden, sich selbst bewegenden Thron saßen. Es schien mir, als sei sie dieselbe, die zuvor unterwegs die Lichter angezündet und gelöscht hatte, und als seien ihre Begleiter dieselben, die sie früher bei den Bäumen platziert hatte. Sie war jetzt nicht mehr himmelblau wie zuvor, sondern in ein schneeweißes, glitzerndes Gewand gekleidet, das vor reinem Gold funkelte und einen solchen Glanz ausstrahlte, dass wir es nicht wagten, es genau zu betrachten.

Gäste, die die ganze Nacht bleiben wollten und ihre Absicht erklärten, wurden in ihren Zimmern mit Stricken gefesselt, so dass sie sich nicht mehr befreien konnten. Schließlich schlief ich in meinen traurigen Gedanken ein.

Der dritte Tag.

Am nächsten Morgen, als alle versammelt waren , begannen die Posaunen usw. wieder zu ertönen, und wir dachten, der Bräutigam sei bereit, sich zu präsentieren, was jedoch ein großer Irrtum war. Denn es war wieder die

Jungfrau von gestern, die sich ganz in roten Samt gekleidet und mit einem weißen Schal umgürtet hatte. Ihr Gefolge bestand nun nicht mehr aus kleinen Kerzen, sondern aus zweihundert Männern in Harnisch, die alle in Rot und Weiß gekleidet waren. Sobald sie vom Thron abgestiegen waren, kam sie geradewegs auf uns Gefangene zu, und nachdem sie uns gegrüßt hatte, sagte sie in wenigen Worten: Dass einige von euch euren elenden Zustand erkannt haben, gefällt meinem mächtigsten Herrn ungemein, und er ist auch entschlossen, dass es euch dadurch besser gehen soll. Und als sie mich in meiner Kutte erspähte, lachte sie und sprach: Guter Mann! Hast du dich auch dem Joch unterworfen? Ich stellte mir vor, du hättest es dir sehr gemütlich gemacht, und diese Worte ließen meine Augen überlaufen. Danach befahl sie, uns loszubinden und aneinanderzubinden und uns an einen Ort zu stellen, wo wir die Waage sehen könnten, denn, sagte sie, es könnte ihnen noch besser ergehen als den Anmaßenden, die hier noch in Freiheit stehen. Inzwischen wurden die Waagen, die ganz aus Gold waren, mitten in der Halle aufgehängt. Es gab auch einen kleinen Tisch, der mit rotem Samt bedeckt war, und darauf lagen sieben Gewichte. Zuerst stand ein ziemlich großes, dann vier kleine, zuletzt zwei große, und diese Gewichte waren im Verhältnis zu ihrer Masse so schwer, dass niemand es glauben oder begreifen kann. Nachdem die Jungfrau auf ihren hohen Thron gesprungen war, befahl einer der Pagen jedem, sich gemäß seiner Reihenfolge zu platzieren und einer nach dem anderen in die Waage zu steigen. Einer der Kaiser hatte keine Skrupel, sondern verneigte sich zuerst ein wenig vor der Jungfrau und ging dann in seiner ganzen stattlichen Kleidung nach oben, woraufhin jeder Hauptmann sein Gewicht hineinlegte, das er (zum Erstaunen aller) hervorhob. Aber das letzte war zu schwer für ihn, so dass er es hinaustragen musste, und zwar mit solcher Qual, dass die Jungfrau selbst Mitleid mit ihm hatte. Dennoch wurde der gute Kaiser gefesselt und der sechsten Gruppe übergeben. Als nächstes kam ein anderer Kaiser, der hochmütig in die Waage stieg und ein großes, dickes Buch unter seinem Gewand trug. Er glaubte, nicht zu versagen. Aber er konnte das dritte Gewicht kaum ertragen, wurde unbarmherzig heruntergeschleudert und sein Buch rutschte ihm in diesem Schrecken aus den Händen. Alle Soldaten begannen zu lachen, und er wurde gefesselt der dritten Gruppe übergeben. So erging es auch einigen anderen Kaisern. Nach ihnen trat ein kleiner Mann mit einem gelockten Bart hervor, ebenfalls ein Kaiser, der sich nach der üblichen Ehrerbietung ebenfalls erhob und so standhaft ausharrte, dass ich dachte, wenn mehr Gewichte bereit gestanden hätten, hätte er sie übertroffen. Die Jungfrau erhob sich sofort zu ihm, verneigte sich vor ihm, ließ ihn ein rotes Samtkleid anziehen und reichte ihm schließlich einen Lorbeerzweig, von dem sie einen großen Vorrat auf ihrem Thron hatte, auf dessen Stufen sie ihn sitzen ließ. Wie es nach ihm den übrigen Kaisern, Königen und Herren erging, würde zu lange dauern, um es zu erzählen, aber ich kann nicht unerwähnt lassen , dass nur wenige dieser großen Persönlichkeiten ausharrten. Nachdem die Inquisition auch die Herren, die Gelehrten und Ungelehrten und den Rest durchgegangen war und in jedem Zustand vielleicht einer, vielleicht auch zwei, aber größtenteils keiner als einwandfrei befunden wurde, kam sie schließlich zu jenen ehrlichen Herren, den vagabundierenden Betrügern und dem schurkischen Lapidem Spitalanficum, die mit solcher Verachtung auf die Waage gesetzt wurden, dass ich selbst vor lauter Kummer vor Lachen fast platzte. Auch die Gefangenen selbst konnten sich nicht zurückhalten, denn die meisten konnten diese harte Prüfung nicht ertragen, sondern wurden mit Peitschen und Geißeln aus der Waage gerissen und zu den anderen Gefangenen geführt. So blieben von einer so großen Menge so wenige übrig, dass ich mich schäme, ihre Zahl anzugeben.

Als die Inquisition vollständig beendet war und niemand außer uns armen, zusammengekoppelten Hunden beiseite stand, trat endlich einer der Kapitäne vor und sagte: Gnädige Frau, wenn es Eurer Ladyschaft recht ist, lassen Sie diese armen Männer, die ihr Missverständnis zugegeben haben, auf die Waage stellen, ebenfalls ohne dass sie eine Strafe befürchten müssen, und nur zur Unterhaltung, falls sich unter ihnen vielleicht etwas Richtiges finden lässt. Nachdem wir losgebunden waren, wurden wir einer nach dem anderen aufgestellt. Mein Begleiter war der fünfte, der tapfer durchhielt, woraufhin alle, besonders aber der Kapitän, ihm Beifall zollten und die Jungfrau ihm den üblichen Respekt erwies. Ich war der achte. Sobald ich nun (zitternd) auftrat, sah mein Begleiter, der bereits in seinem Samt daneben saß, mich freundlich an, und die Jungfrau selbst lächelte ein wenig. Aber da ich alle Gewichte übertraf, befahl die Jungfrau ihnen, mich mit Gewalt hochzuziehen, woraufhin drei Männer zusätzlich auf der anderen Seite des Balkens hingen, und doch konnte nichts ausrichten. Daraufhin stand einer der Pagen sofort auf und schrie laut: DAS IST ER, worauf der andere antwortete: Dann lass ihn seine Freiheit erlangen, was die Jungfrau zustimmte, und nachdem ich mit den gebührenden Zeremonien empfangen worden war, wurde mir die Wahl übertragen, einen der Gefangenen freizulassen, wen ich wollte. Danach wurde ein Rat der sieben Hauptleute und uns einberufen, und die Angelegenheit wurde von der Jungfrau als Präsidentin vorgetragen, die jeden aufforderte, seine Meinung dazu zu äußern , wie mit den Gefangenen verfahren werden sollte.

Die Geschichte ist lang, und wir können den Rest nur in groben Zügen wiedergeben. Weiter heißt es, dass die Art der Bestrafung der Gefangenen besprochen und festgelegt wurde, woraufhin ein weiteres Bankett stattfand, bei dem die Gefangenen das Geständnis ablegen mussten, dass sie Betrüger und Landstreicher seien, was sie nach einigen Vorwürfen taten und gleichzeitig um Gnade baten, die ihnen verweigert wurde, obwohl Variationen in der Strafe versprochen wurden.

Als alle Urteile vollstreckt waren, trat „ein wunderschönes schneeweißes Einhorn mit einem goldenen Halsband um den Hals" hervor. An derselben Stelle verneigte er sich auf beiden Vorderfüßen, als ob er hiermit dem Löwen Ehre erwiesen hätte, der so unbeweglich auf dem Brunnen stand, dass ich ihn für aus Stein oder Messing hielt. Er nahm sofort das blanke Schwert, das er in seiner Pfote trug, und zerbrach es in der Mitte in zwei Teile, deren Stücke meiner Meinung nach in den Brunnen sanken, woraufhin er so lange brüllte, bis eine weiße Taube einen Olivenzweig in ihrem Schnabel brachte, den der Löwen augenblicklich verschlang und so beruhigt wurde. Und so kehrte das Einhorn voller Freude an seinen Platz zurück, während unsere Jungfrau uns die Wendeltreppe hinunterführte."

Die Erzählung wird im weiteren Verlauf immer komplizierter und dennoch merkwürdiger; ihre Einzelheiten sind unerklärlich und langwierig, und es wird unmöglich sein, sie unseren Lesern zu erzählen. Der Autor beschreibt seine Streifzüge durch das Schloss, die Wunder, die ihm dort begegneten, seine respektvolle Behandlung beim Bankett und ein von der Jungfrau vorgeschlagenes Problem, das von allen der Reihe nach gebührend diskutiert wurde.

Vierter Tag.

Dem König von der Jungfrau vorgestellt, die erklärte, dass die Herren sich unter Gefahr für Leib und Leben hierher gewagt hätten – Atlas versicherte ihm, dass der König ihn willkommen hieß – die Jungfrau versprach ihm, dass sie ihm die Last des Alters abnehmen würde – Aufführung einer Komödie.

Fünfter Tag.

Weitere Erkundungen des Schlosses – Entdeckung der Grabstätte von Lady Venus, „jener Schönheit, die viele große Männer in Bezug auf Glück, Ehre, Segen und Wohlstand zu Fall gebracht hat." Reise mit der Jungfrau zum Turm des Olymp.

Sechster Tag.

Verteilung per Los von Leitern, Seilen und Flügeln – dem geheimnisvollen Vogel, der die Toten wieder zum Leben erweckt.

Siebte Tag.

„Nach acht Uhr erwachte ich und machte mich schnell fertig, da ich wieder in den Turm zurückkehren wollte, aber die dunklen Gänge in der Wand waren so zahlreich und vielfältig, dass ich eine ganze Weile umherirrte, bevor ich den Ausgang fand. Dasselbe passierte auch den anderen , bis wir uns schließlich alle im hintersten Gewölbe wieder trafen und wir ganz gelbe Gewänder und unsere goldenen Vliese erhielten. Zu diesem Zeitpunkt erklärte uns die Jungfrau, dass wir Ritter des Goldenen Steins seien, was wir bisher nicht wussten. Nachdem wir uns nun so fertig gemacht und unser Frühstück eingenommen hatten, überreichte der alte Mann jedem von uns eine goldene Medaille ; auf der einen Seite standen diese Worte: AR. NAT. MI. Auf der anderen diese: TEM. NA. F.

Er ermahnte uns außerdem, nichts zu unternehmen, das über dieses Erinnerungszeichen hinausginge. Hiermit gingen wir zur See, wo unsere Schiffe so reich ausgerüstet lagen, dass es nicht gut möglich war, dass solche tapferen Dinge nicht erst dorthin gebracht worden sein mussten . Die Schiffe waren zwölf an der Zahl; unsere Flaggen waren die zwölf Himmelszeichen, und wir saßen in der Waage. Unter anderem hatte unser Schiff auch eine edle und merkwürdige Uhr, die uns alle Minuten anzeigte. Die Schiffe fuhren weiter, und bevor wir zwei Stunden gesegelt waren, sagte uns der Seemann, er habe bereits gesehen, dass der ganze See fast mit Schiffen bedeckt sei, woraus wir schließen konnten, dass sie nur gekommen waren, um uns entgegenzukommen, was sich auch als wahr erwies. Sobald sie uns gut in Sichtweite hatten, wurden die Geschosse auf beiden Seiten abgefeuert , und es gab einen solchen Lärm von Trompeten, Schalmeien und Pauken, dass alle Schiffe auf dem Meer wieder herumtanzten. Schließlich, sobald wir näher kamen, brachten sie unsere Schiffe zusammen und leisteten so Widerstand. Sofort trat der alte Atlas im Namen des Königs hervor und hielt eine kurze, aber schöne Rede, in der er uns willkommen hieß und fragte, ob die königlichen Geschenke bereit stünden. Der Rest meiner Gefährten war zutiefst erstaunt , woher dieser König kommen sollte, denn sie konnten sich nichts anderes vorstellen, als dass sie ihn wieder aufwecken müssten. Wir ließen sie in ihrem Staunen weitermachen und benahmen uns, als ob es uns auch seltsam vorkäme. Nach Atlas' Rede trat unser alter Mann hervor und gab eine etwas ausführlichere Antwort, in der er dem König und der Königin alles Glück und Wohlstand wünschte. Danach übergab er eine merkwürdige kleine Schatulle, aber was darin war, weiß ich nicht; nur wurde sie Cupido, der zwischen ihnen beiden schwebte, zur Aufbewahrung anvertraut. Nachdem die Rede beendet war, feuerten sie erneut eine freudige Salve ab, und so segelten wir eine gute Zeit zusammen weiter, bis wir schließlich an einem anderen Ufer ankamen. Dies war in der Nähe des ersten Tores, durch das ich zuerst eintrat. An diesem Ort versammelte sich wieder eine große Menge der Familie des Königs zusammen mit einigen hundert Pferden. Unser alter Herr und ich, höchst unwürdig, sollten sogar mit dem König reiten, jeder von uns trug eine schneeweiße Fahne mit einem roten Kreuz. Ich hatte meine Zeichen um meinen Hut gebunden, was dem jungen König bald auffiel, und er fragte, wenn ich er wäre , wer könne diese Zeichen am Tor einlösen? Ich antwortete auf die demütigste Weise: Ja . Aber er lachte mich aus und sagte, von nun an bedürfe es keiner Zeremonie mehr; ich sei sein Vater. Dann fragte er, womit ich sie eingelöst hätte. Ich antwortete: mit Wasser und Salz, woraufhin er sich wunderte, wer mich so weise gemacht hatte, woraufhin ich etwas zuversichtlicher wurde und ihm erzählte, wie es mir mit meinem Brot, der Taube und dem Raben passiert war, und er war damit zufrieden und sagte ausdrücklich, dass es notwendig sein müsse, dass Gott mir hierin ein einzigartiges Glück gewährt habe ... Inzwischen wurden die Tische in einem geräumigen Raum gedeckt, in dem wir noch nie zuvor gewesen waren; in diesen wurden wir mit einzigartigem Pomp und Zeremoniell geführt. Dies war die letzte edelste Mahlzeit, bei der ich anwesend war. Nach dem Bankett wurden die Tische plötzlich weggeräumt und einige seltsame Stühle im Kreis aufgestellt, in denen wir zusammen mit dem König und der Königin, ihren beiden alten Männern, den Damen und Jungfrauen sitzen sollten. Danach öffnete ein sehr schöner Page das oben erwähnte herrliche kleine Buch, woraufhin Atlas, der sich sofort in die Mitte stellte, begann, uns über den folgenden Zweck zu belehren. Dass seine königliche Majestät den Dienst, den wir geleistet hatten, und wie sorgfältig wir unserer Pflicht nachgekommen waren, noch nicht in Vergessenheit geraten ließ und deshalb zur Vergeltung alle und jeden von uns zu Rittern des Goldenen Steins gewählt hatte. Dass es daher weiterhin notwendig sei, uns nicht nur erneut seiner königlichen Majestät zu verpflichten, sondern nun auch auf die folgenden Artikel zu schwören, und dann würde seine königliche Majestät ebenfalls wissen, wie er sich gegenüber seinem Lehnsvolk zu benehmen habe. Daraufhin ließ er den Pagen die Artikel durchlesen, die folgende waren:

1.— Ihr, meine Herren Ritter, sollt schwören, dass ihr euren Orden zu keiner Zeit einem Teufel oder Geist zuschreiben werdet, sondern nur Gott, eurem Schöpfer, und seiner Magd Natur.

2.— Dass Sie jede Hurerei, Unenthaltsamkeit und Unreinheit verabscheuen und Ihren Orden nicht mit solchen Lastern beschmutzen werden.

3.— Dass Sie mit Ihren Talenten bereit sind, allen zu helfen, die es wert sind und es brauchen.

4.— Dass Sie diese Ehre nicht für weltlichen Stolz und hohe Autorität missbrauchen möchten.

5.— Dass Sie nicht bereit sein sollen, länger zu leben, als Gott es von Ihnen verlangt.

Nachdem wir ihnen allen das Zepter des Königs gelobt hatten, wurden wir später mit den üblichen Zeremonien zu Rittern ernannt und neben anderen Privilegien auch unsere Unwissenheit, Armut und Krankheit genannt , damit nach unserem Belieben umzugehen. Und dies wurde später in einer kleinen Kapelle ratifiziert, und Gott wurde dafür gedankt. Und weil jeder da war, um seinen Namen zu schreiben, schrieb ich Folgendes:

Summa Scientia nihil Scire ,
Fr. Christianus Rosencreutz, Eques aurei Lapidis, Anno 1549."

KAPITEL VIII.

Fazit – Modernes Rosenkreuzertum.

IN „Notes and Queries" vom 15. November 1886 finden wir Folgendes: „In der Student's Encyclopædia, die 1883 von Hodder und Stoughton veröffentlicht wurde, finde ich die folgende zweifache Aussage: ‚Auch heute noch soll in London eine Rosenkreuzerloge existieren, deren Mitglieder durch Askese behaupten, über das für den Menschen vorgesehene Alter hinaus zu leben, und in die der verstorbene Lord Lytton vergeblich aufgenommen wurde.' Darf ich fragen, ob etwas Authentisches in Erfahrung gebracht werden kann (1) über die Existenz dieser modernen Rosenkreuzer und (2) über Lord Lyttons Versagen, bei ihnen aufgenommen zu werden?"

In der Ausgabe vom 13. Dezember desselben Jahres wurde die obige Frage folgendermaßen beantwortet : „Die Soc. Rosic. in Anglia hält noch immer mehrere Versammlungen pro Jahr in London ab. Die Fratres erforschen die okkulten Wissenschaften; aber mir ist nicht bekannt, dass einer von ihnen jetzt Askese praktiziert oder erwartet, sein Leben auf Erden auf unbestimmte Zeit zu verlängern. Es ist nicht üblich, die Namen von Kandidaten preiszugeben, denen die Aufnahme in den ersten Grad, den des Zelator, verweigert wurde, daher muss ich darum bitten, von der Beantwortung der Frage zu Lord Lytton befreit zu werden.

WYNN WESTCOTT, *MB, Magister Templi ."*

Im September des Vorjahres fragte ein Korrespondent, ob ihm jemand mitteilen könne, ob es noch Mitglieder der Gesellschaft des Rosenkreuzes (oder der Rosenkreuzer) gäbe, und wenn ja, wie man mit ihnen kommunizieren könne. Auch , ob es noch Alchimisten gäbe, die nach dem Stein der Weisen und der Transmutation von Metallen suchten. Dies rief folgende Antwort hervor:

„Manche sagen, die modernen Rosenkreuzer seien dasselbe wie die Freimaurer; aber da sie größtenteils isoliert lebten, könnten sie nur wenig mit den Freimaurern verbunden gewesen sein. Die Zahl der berühmten Männer, die der Gesellschaft angehörten, ist groß: Avicenna, Roger Bacon, Cardan, bis hin zu Herrn Peter Woulfe, FRS, der in Nr. 2, Barnard's Inn lebte und laut Herrn Brand der letzte wahre Anhänger der Alchemie war. Aber zweifellos beschäftigen sich einige wenige noch immer mit diesen okkulten Dingen." Notes and Queries, Serie 6, Band 8, 317.

Auf derselben Seite des gleichen Bandes steht: „Die Rosenkreuzer sind jetzt (wieso, weiß ich nicht) in die englischen Freimaurer eingetreten und bilden einen der höchsten Ränge, wenn nicht den höchsten Rang." Außerdem: „Als

Antwort auf Charles D. Sunderland möchte ich sagen, dass es noch lebende Rosenkreuzer und Alchemisten gibt."

De Quincey zögert keinen Augenblick, wenn es um die Identität von Rosenkreuzertum und Freimaurerei geht. Er sagt: „Ich werde jetzt versuchen zu beweisen, dass das Rosenkreuzertum nach England verpflanzt wurde, wo es unter einem neuen Namen florierte, unter dem es seitdem gemeinsam mit anderen Ländern der Christenheit zu uns zurückgeführt wurde. Denn ich behaupte als Hauptthese meiner abschließenden Arbeiten, dass die Freimaurerei weder mehr noch weniger ist als das Rosenkreuzertum, wie es von denen modifiziert wurde, die es nach England verpflanzten." Dann fährt er mit einem Argument fort, um diese Identität zwischen den beiden zu beweisen, ein Argument, auf das wir aufgrund unseres begrenzten Platzes nur kurz anspielen können. Er sagt: „1633 haben wir gesehen, dass der alte Name abgeschafft wurde; aber bis dahin wurde kein neuer Name dafür verwendet; in Ermangelung eines solchen Namens wurden sie *ad interim* mit dem allgemeinen Begriff weise Männer bezeichnet. Da dies jedoch eine zu vage Bezeichnung für Menschen war, die eine eigene und exklusive Gesellschaft gründen wollten, musste eine neue erdacht werden, die eine speziellere Anspielung auf ihre charakteristischen Ziele enthielt. Der unmittelbare Hinweis für die Freimaurer ergab sich aus der in der *Fama Fraternitatis enthaltenen Legende* vom „Haus des Heiligen Geistes". Dies war in Deutschland Gegenstand vieler Spekulationen gewesen; und viele waren einfach genug gewesen, den Ausdruck „Haus" wörtlich zu verstehen, und hatten im ganzen Reich danach gefragt. Aber Andrea konnte made es nicht anders als in einem allegorischen Sinn verstehen, indem er es als ein Gebäude beschrieb, das für die gottlose Welt auf ewig unsichtbar bleiben würde." Auch Theophilus Schweighart hatte folgendermaßen davon gesprochen: „Es ist ein Gebäude", sagt er, „ein großes Gebäude, *carens fenestris et foribus* , ein fürstlicher, ja ein kaiserlicher Palast, überall sichtbar und doch von den Augen des Menschen nicht gesehen." Dieses Gebäude stellte tatsächlich den Zweck oder das Ziel der Rosenkreuzer dar. Und was war das? Es war die geheime Weisheit oder, in ihrer Sprache, *Magie* – nämlich 1. Naturphilosophie oder okkulte Erkenntnis der Werke Gottes; 2. Theologie oder die okkulte Erkenntnis Gottes selbst; 3. Religion oder Gottes okkulter Verkehr mit dem Geist des Menschen, von dem sie annahmen, dass er von Adam durch die Kabbalisten auf sie selbst übertragen worden sei. Aber sie unterschieden zwischen einer fleischlichen und einer geistigen Erkenntnis dieser Magie. Die geistige Erkenntnis ist die Aufgabe des Christentums und wird durch Christus selbst als Fels und als Gebäude menschlicher Natur symbolisiert, in dem die Menschen die Steine und Christus der Eckstein sind. Aber wie sollen sich Steine bewegen und zu einem Gebäude anordnen? „Sie müssen zu lebendigen Steinen werden." Aber was ist ein lebendiger Stein? „Ein lebendiger Stein ist ein Maurer, der sich selbst in die Wand einbaut als

Teil des Tempels menschlicher Natur." In diesen Passagen sehen wir die Verwendung des allegorischen Namens Maurer nach dem Aussterben des früheren Namens. An anderen Stellen drückt Fludd dies noch deutlicher aus. Die Gesellschaft sollte daher eine Freimaurergesellschaft sein, um typisch jenen Tempel des Heiligen Geistes zu repräsentieren, den sie im Geiste des Menschen errichten sollten. Dieser Tempel war die Zusammenfassung der Lehre Christi, des Großmeisters : daher das Licht aus dem Osten, von dem in den Büchern der Rosenkreuzer und Freimaurer so viel gesprochen wird. Nachdem er die Angelegenheit in ähnlicher Weise noch etwas weiter verfolgt hat, fasst De Quincey die Ergebnisse seiner Untersuchung über den Ursprung und die Natur der Freimaurerei wie folgt zusammen:

1. Die ursprünglichen Freimaurer waren eine Gesellschaft, die aus der Rosenkreuzermanie entstand, sicherlich innerhalb der dreizehn Jahre von 1633 bis 1646 und wahrscheinlich zwischen 1633 und 1640. Ihr Ziel war Magie im kabbalistischen Sinne, *d. h.* die okkulte Weisheit, die seit Anbeginn der Welt weitergegeben und von Christus zur Reife gebracht wurde; diese weiterzugeben, wenn sie sie hatten, und nach ihr zu suchen, wenn sie sie nicht hatten: und beides unter einem Eid der Geheimhaltung.

2. Das Ziel der Freimaurerei wurde in Form des Salomonischen Tempels dargestellt, als ein Sinnbild der wahren Kirche, deren Eckstein Christus ist. Dieser Tempel soll aus Menschen oder lebendigen Steinen gebaut werden : und die wahre Methode und Kunst des Bauens mit Menschen ist die Aufgabe der Magie, zu lehren. Daher beziehen sich alle Freimaurersymbole entweder auf den Salomonischen Tempel oder sind bildliche Ausdrucksformen der Ideen und Lehren der Magie im Sinne der Rosenkreuzer und ihrer mystischen Vorgänger im Allgemeinen.

3. Die Freimaurer übernahmen einst Symbole usw. aus der Kunst der Maurerei, zu der sie durch die Sprache der Heiligen Schrift geführt wurden , und schlossen sich dann in gewissem Maße dem Orden der Maurerhandwerker selbst an und übernahmen deren Aufteilung der Mitglieder in Lehrlinge, Gesellen und Meister. Christus ist der Großmeister und wurde hingerichtet, als er den Grundstein für den Tempel der menschlichen Natur legte.

4. Juden, Mohammedaner und Katholiken waren alle von den frühen Freimaurerlogen ausgeschlossen. Die Katholiken wurden aufgrund ihrer Intoleranz ausgeschlossen: denn es war ein kennzeichnendes Merkmal der Rosenkreuzer, dass sie als erste die Idee einer Gesellschaft hatten, die nach dem Prinzip religiöser Toleranz handeln sollte, und wünschten, dass nichts die weitestgehende Zusammenarbeit bei ihren Plänen behindern sollte, außer solche Meinungsverschiedenheiten über die wesentlichen Punkte der Religion, die jede Zusammenarbeit unmöglich machen.

5. So wie die Freimaurerei alle Formen des Christentums ehrte und sie für mehr oder weniger entfernte Annäherungen an die ideale Wahrheit hielt, so abstrahierte sie auch von allen Formen der bürgerlichen Politik, da diese ihren eigenen Zielen fremd waren. Diese sind, kürzestmöglich ausgedrückt, (1) die Ehre Gottes; (2) der Dienst an den Menschen.

6. Es gibt nichts in der Bildsprache, den Mythen, dem Ritual oder den Zielen der älteren Freimaurerei, das nicht auf die Romane von Pater Rosenkreuz zurückgeführt werden könnte , wie sie in der Fama Fraternitatis wiedergegeben sind.

De Quincey ist nicht der einzige Autor, der sich dahingehend geäußert hat, dass die Systeme der Freimaurerei und des Rosenkreuzertums praktisch identisch sind ; andere haben dies ebenfalls gesagt und sich bei der Darlegung ihrer Ansichten nicht gescheut, sich äußerst streng über das zu äußern, was sie für die Tricks und Täuschungen beider hielten. Mr. George Soane sagt in seinem Buch „New Curiosities of Literature" über die Freimaurer, dass er nachweisen könne, dass ihre Gesellschaft aus dem verfallenen Rosenkreuzertum hervorgegangen sei, so wie der Käfer aus einem Misthaufen hervorgeht . Und weiter sagt er: „Nicht wenige der alten Kindermärchen haben sich noch unter uns gehalten; und von diesen ist die Freimaurerei am weitesten verbreitet und am lächerlichsten." „Natürlich", fährt er fort, „wird eine solche Meinung viele Herren schockieren, die Schürzen tragen, je nach dem aus Leder oder Seide, und die sich damit amüsieren, über Licht aus dem Osten und den Bau des Salomonischen Tempels zu reden und viele andere kindische Streiche zu treiben, die, wenn sie am helllichten Tag gespielt würden, lächerlich wären."

Er fährt fort : „Als ich mich durch einen Haufen alchemistischen Unsinns für ganz unterschiedliche Zwecke wühlte, fiel mir die große Ähnlichkeit sowohl der Lehre als auch der Symbole der Rosenkreuzer und der Freimaurer auf. Eher voreilig als vernünftig nahm ich zunächst an, die Brüder des Rosenkreuzes seien bloß Nachahmer der Freimaurer, aber nach langer und geduldiger Nachforschung, bei der ich mehr Bände durchlas, als ich für diesen Zweck noch einmal lesen wollte, war ich gezwungen, meine Meinung aufzugeben. Die Freimaurer erhoben tatsächlich, wie die Rosenkreuzer, Anspruch auf ein hohes Alter, aber während einige von ihnen den Ursprung ihres Ordens bescheiden auf Adam datierten, konnte ich ihn keineswegs weiter zurückverfolgen als bis zur ersten Hälfte des 17. Jahrhunderts. Ihre historischen Behauptungen zerfielen, als sie angemessen geprüft und untersucht wurden, zu Staub; die negativen Beweise waren so stark gegen sie, wie sie nur sein konnten; und schließlich war die Schlussfolgerung meiner Meinung nach unvermeidlich."

Soane fährt dann fort: „Ich habe nicht das geringste Zögern zu sagen, dass die Freimaurer kein Geheimnis haben, abgesehen von ein paar albernen Legenden und der Zuschreibung bestimmter religiöser und moralischer Bedeutungen zu einer Reihe von Emblemen, die hauptsächlich der mechanischen Kunst des Baumeisters entlehnt sind. Ich bestätige auch, dass alle diese Symbole und ihre Interpretationen rosenkreuzerischen Ursprungs sind und dass die Freimaurer nie zu den Arbeitergilden gehörten, da ihre Ziele völlig anders sind."

Professor Buhle vertritt in seinem letzten Kapitel die Ansicht, dass „Freimaurerei weder mehr noch weniger ist als Rosenkreuzertum in der von denen, die es nach England verpflanzten, modifizierten Form." Dr. Mackey vertritt jedoch eine gegenteilige Ansicht und sagt im synoptischen Index zu seinem Werk „Symbolism of Freemasonry, and Rosicrucians": „Eine im 15. Jahrhundert gegründete Sekte hermetischer Philosophen, die sich mit dem Studium abstruser Wissenschaften beschäftigte. Es handelte sich um eine Geheimgesellschaft, die in ihrer Organisation und in einigen ihrer Untersuchungsgegenstände der Freimaurerei sehr ähnelte, aber ansonsten in keiner Weise mit der Freimaurerei verbunden war."

schrieb ein Autor in der Penny Cyclopædia : „Manche sagen, der Orden der Rosenkreuzer sei identisch mit dem der Freimaurer, wobei einer ihrer Grade oder Würden in manchen Ländern Rotkreuz-Grad genannt wird. Von den Rosenkreuzern als eigenem Orden hat man seit fast einem Jahrhundert nichts mehr gehört , manche glauben jedoch, sie existierten unter dem Namen Illuminaten weiter, über die in der zweiten Hälfte des 18. Jahrhunderts in Deutschland und Frankreich viel gesprochen wurde. Barruel beschreibt die Zeremonien, mit denen in einigen Freimaurerlogen Kandidaten in den Rotkreuz-Grad aufgenommen wurden – die jedoch seiner Aussage nach in verschiedenen Ländern unterschiedlich sind – und stellt fest, dass diese Zeremonien, die anscheinend auf die Passion Jesu Christi anspielten, je nach der Veranlagung der Kandidaten unterschiedlich ausgelegt wurden. dass einige darin eine Erinnerung an die Passion sahen, andere eine Einführung in die Geheimnisse der Alchemie und Magie und schließlich noch andere eine blasphem Beschimpfung des Begründers des Christentums, das die Rosenkreuzer aus den alten Templern abgeleitet hatten."

⸻ ⸻

DAS ROSIE-KREUZ-GEBET ZU GOTT.

JESUS, MEIN HERR.

Δ

„Oh Du, allgegenwärtig und gut von allen, was auch immer ich tue, denke daran, ich flehe Dich an, dass ich nur Staub bin, wie ein Dampf, der der Erde entspringt und den selbst Dein kleinster Atem zerstreuen kann. Du hast mir eine Seele gegeben und Gesetze, die sie regieren. Lass mich von dieser ewigen Regel befehligen, die Du zuerst eingesetzt hast, um den Menschen zu leiten. Lass mich darauf achten, auf all meinen Wegen auf Deine Herrlichkeit hinzuweisen. Und wo ich Dich nicht richtig erkennen kann, damit nicht nur mein Verständnis, sondern auch meine Unwissenheit Dich ehren kann. Du bist alles, was vollkommen sein kann. Deine Offenbarung hat mich glücklich gemacht. Sei nicht zornig, oh Göttlicher, oh Gott, höchster Schöpfer. Wenn es Dir gefällt, lass diese offenbarten Geheimnisse, Deine Gaben allein, nicht zu meinem Lob, sondern zu Deiner Ehre sich offenbaren. Ich flehe dich an, gnädiger Gott, sie mögen nicht in die Hände unwissender, neidischer Menschen fallen, die diese Wahrheiten zu deiner Schande verdunkeln und sagen, sie dürften nicht veröffentlicht werden, weil das, was Gott offenbart, geheim gehalten werden muss. Aber die Rosie-Crucian-Philosophen legen dieses Geheimnis in Gottes Schoß, von dem ich annahm, dass es klar und deutlich offenbart wird. Ich flehe die Dreifaltigkeit an, es möge so gedruckt werden, wie ich es geschrieben habe, damit die Wahrheit nicht mehr durch zweideutige Sprache verdunkelt wird. Guter Gott, außer dir ist nichts. Oh, ströme in meine Seele und lass sie mit deiner Gnade, deiner Erleuchtung und deiner Offenbarung fließen. Lass mich auf dich vertrauen; du entzückst es, dass der Mensch dich als seinen König betrachtet und nicht verbirgt, welchen Honig des Wissens er offenbart hat. Ich werfe mich als dein Verehrer zu deinen Füßen. O, stärke mein Vertrauen in Dich, denn Du bist die Quelle aller Güte und kannst nur barmherzig sein, noch kannst Du die demütige Seele täuschen, die Dir vertraut. Und weil Du mich nicht verteidigen kannst, wenn ich nicht nach Deinen Gesetzen lebe, bewahre mich, o Herrscher meiner Seele, im Gehorsam gegenüber Deinem Willen und lasse nicht zu, dass ich mein Gewissen mit Lastern verletze und Deine Gaben und Gnaden, die mir verliehen wurden, verberge. Denn ich weiß, dies wird mich innerlich zerstören und Deinen erleuchtenden Geist von mir weichen lassen. Ich fürchte, ich bin bereits unendlich weit von den Offenbarungen jenes göttlichen Führers abgewichen, dem Du befohlen hast, mich zur Wahrheit zu führen. Und deshalb liege ich traurig niedergestreckt und reumütig am Fuße Deines Throns. Ich appelliere nur an die Fülle Deiner Vergebung. O mein Gott, mein Gott, ich weiß, es ist ein Mysterium, das die Vorstellungskraft der gewaltigen Seele übersteigt und daher tief genug ist, dass der Mensch darin sicher ruhen kann. O Du Wesen aller Wesen, lass mich zu Dir hinarbeiten und mich in die empfangenden Arme Deiner väterlichen Barmherzigkeit werfen. Für äußere Dinge danke ich Dir, und was ich habe, gebe ich im Namen der Dreifaltigkeit frei und treu an andere weiter, ohne etwas von dem zu verbergen, was mir offenbart wurde, und ich erfuhr, dass es keine teuflische Täuschung oder ein Traum ist, sondern die Adjectamenta Deiner reicheren Gnaden; die Minen und die Entbehrung liegen beide in Deinen Händen. Mit dem, was Du mir gegeben hast, bin ich zufrieden. Guter Gott, strahle in meine Seele, gib mir nur ein Herz, das Dir gefällt, ich bitte um nicht mehr, als Du gegeben hast, und das, um mich weiterhin unverachtet und ohne Mitleid ehrlich zu halten. Rette mich vor dem Teufel, den Begierden und den Menschen. Und lass es meine Ehre sein, jene lieblichen Tücken der Sterblichkeit zu verachten, die meine Seele zu Niedrigkeit und Ausschweifung drängen würden (indem ich mich in edler Höhe über sie stelle). Nimm mich von mir selbst und erfülle mich nur mit dir. Fass deine Segnungen in diesen beiden zusammen, damit ich recht gut und weise sein kann. Und gewähre mir diese um deiner ewigen Wahrheiten willen und mache mich dankbar." [5]

DAS ENDE.